Jean-Claude Florin

Butiner

Jean-Claude Florin

Butiner

Recueil de pensées chrétiennes

Éditions Croix du Salut

Impressum / Mentions légales
Bibliografische Information der Deutschen Nationalbibliothek: Die Deutsche Nationalbibliothek verzeichnet diese Publikation in der Deutschen Nationalbibliografie; detaillierte bibliografische Daten sind im Internet über http://dnb.d-nb.de abrufbar.
Alle in diesem Buch genannten Marken und Produktnamen unterliegen warenzeichen-, marken- oder patentrechtlichem Schutz bzw. sind Warenzeichen oder eingetragene Warenzeichen der jeweiligen Inhaber. Die Wiedergabe von Marken, Produktnamen, Gebrauchsnamen, Handelsnamen, Warenbezeichnungen u.s.w. in diesem Werk berechtigt auch ohne besondere Kennzeichnung nicht zu der Annahme, dass solche Namen im Sinne der Warenzeichen- und Markenschutzgesetzgebung als frei zu betrachten wären und daher von jedermann benutzt werden dürften.

Information bibliographique publiée par la Deutsche Nationalbibliothek: La Deutsche Nationalbibliothek inscrit cette publication à la Deutsche Nationalbibliografie; des données bibliographiques détaillées sont disponibles sur internet à l'adresse http://dnb.d-nb.de.
Toutes marques et noms de produits mentionnés dans ce livre demeurent sous la protection des marques, des marques déposées et des brevets, et sont des marques ou des marques déposées de leurs détenteurs respectifs. L'utilisation des marques, noms de produits, noms communs, noms commerciaux, descriptions de produits, etc, même sans qu'ils soient mentionnés de façon particulière dans ce livre ne signifie en aucune façon que ces noms peuvent être utilisés sans restriction à l'égard de la législation pour la protection des marques et des marques déposées et pourraient donc être utilisés par quiconque.

Coverbild / Photo de couverture: www.ingimage.com

Verlag / Editeur:
Éditions Croix du Salut
ist ein Imprint der / est une marque déposée de
AV Akademikerverlag GmbH & Co. KG
Heinrich-Böcking-Str. 6-8, 66121 Saarbrücken, Deutschland / Allemagne
Email: info@editions-croix.com

Herstellung: siehe letzte Seite /
Impression: voir la dernière page
ISBN: 978-3-8416-9813-1

Copyright / Droit d'auteur © 2012 AV Akademikerverlag GmbH & Co. KG
Alle Rechte vorbehalten. / Tous droits réservés. Saarbrücken 2012

Jean-Claude Florin

Comme l'abeille va de fleur en fleur
recueillir le précieux nectar
qui servira à la préparation du miel,
je vous invite par cet ouvrage
à aller d'un livre à l'autre de la bible
recueillir un peu de cette nourriture
spirituelle dont nos âmes
ont tant besoin.

« Que tes paroles sont douces à mon palais,
plus que le miel à ma bouche »

(Psaume 119/103)

BUTINER...

...de la Genèse à l'Apocalypse !

Comme l'abeille va de fleur en fleur recueillir le précieux nectar qui servira à la préparation du miel, je vous invite par le présent volume à aller — d'une manière historique et chronologique — d'un livre à l'autre de la bible recueillir un peu de cette nourriture dont nos âmes ont tant besoin aujourd'hui.

En toute simplicité.

Bonne lecture !

Au lecteur

Pour une bonne compréhension de la pensée exprimée, nous invitons le lecteur à tenir compte du contexte dans lequel se situe le verset cité au début de chaque méditation. D'autre part, et pour éviter de surcharger le texte, les références bibliques ont été omises la plupart du temps.

Table des matières

...de la Genèse à l'Apocalypse !..2
Au lecteur..3
Table des matières..4
de la création à l'exode...5
de la sortie d'Egypte à la mort de Moïse..15
de l'entrée en Canaan au premier roi..29
de Saül à Salomon..38
du schisme à la déportation du royaume du nord en Assyrie..........52
de la chute d'Israël à la ruine de Juda..60
de la déportation au retour...65
de la naissance de Jésus à son ascension..74
de Jérusalem à Rome...86
les années avant la chute de Jérusalem en l'an 70..............................98
la dernière décennie du premier siècle..101

de la création à l'exode…

Au commencement, Dieu créa les cieux et la terre (Genèse 1/1)

Il faut un commencement à tout. Tout a eu un commencement…sauf Celui qui est éternellement existant par Lui-Même ! Au commencement était la Parole. Tout a été fait par elle. Quel privilège, au commencement de chaque journée, de pouvoir nous approcher du Créateur des cieux et de la terre au travers du précieux sang de son Fils, Jésus-Christ notre Seigneur.

Moments bénis, instants précieux passés aux pieds du Maître de l'univers qui veut nous instruire par son conseil et nous guider dans le labyrinthe de ce monde compliqué et en mal de repères. Sa Parole sera une lampe à nos pieds et une lumière sur notre chemin ; que ce soit à la maison, au magasin, à l'usine, à l'université…ou au bureau du Pôle emploi ! Peut-être n'avons-nous pas pris la bonne habitude d'aller chercher la manne du matin et de nous rafraîchir de la rosée divine : il n'est pas trop tard pour commencer, ne méprisons pas les faibles commencements ! N'en faisons pas une loi, mais un festin de l'âme qui a besoin d'être rassasiée et désaltérée dans les lieux arides.

Tout au long du jour et jusqu'à la fin de la journée, nous nous rendrons compte que Dieu soutient toutes choses par sa Parole puissante !

Dieu dit... (Genèse 1/3, 6, 9, 14, 20, 24, 26, 29) *et la chose arrive, il ordonne, et elle existe !*

Moïse a reçu la révélation de l'origine de l'univers et c'est par la foi que nous discernons que le monde a été formé par la Parole de Dieu. Les étoiles du matin ont chanté d'allégresse, et les anges de Dieu ont poussé des cris de joie. Notre Seigneur est digne de recevoir la gloire, l'honneur et la puissance, car il a créé toutes choses : « Lorsqu'il disposa les cieux, j'étais là ». Les perfections invisibles de Dieu se voient à l'œil nu quand on les considère dans ses ouvrages. Car les cieux racontent la gloire de Dieu et l'étendue manifeste l'œuvre de ses mains. Non seulement Dieu a créé le cosmos et la terre avec tout ce qu'elle renferme et les océans avec tout ce qu'ils contiennent, mais surtout l'être humain fait à son image, « tissé dans les profondeurs de la terre ». Mais si le début du livre de la Genèse réjouit notre cœur, la fin est moins glorieuse : le dernier verset nous parle d'un « cercueil » ! C'est que le péché est entré dans le monde et par le péché la mort…qui s'est étendue à tous les hommes. Sans les premières pages du premier livre de Moïse, la Bible serait un livre incompréhensible : dès la chute Dieu annonce la venue du Rédempteur qui sera « blessé au talon » mais qui « écrasera la tête du serpent » (3/15).

L'Eternel Dieu forma une femme de la côte qu'il avait prise de l'homme (Genèse 2/22)

Un commentateur biblique a observé que la femme n'a pas été formée de la tête de l'homme, afin qu'elle n'exerce pas de domination sur lui ; ni de ses pieds, pour qu'elle ne soit pas foulée aux pieds ; mais de son côté, afin qu'elle soit son égale ; près du cœur, afin qu'elle soit aimée de lui.

Adam a donc été formé le premier, Eve ensuite ; « Adam n'a pas été séduit, mais la femme, séduite, s'est rendue coupable de transgression ». Néanmoins l'Ecriture met en évidence l'entière responsabilité d'Adam : par un seul homme le péché est entré dans le monde — par l'offense d'un seul, par la désobéissance d'un seul ! L'homme est donc devenu mortel, revêtu désormais d'un corps biodégradable. La malédiction tombera sur le serpent, sur le sol, mais non pas sur le premier couple : ils seront les premiers à être sauvés par la grâce de Dieu : l'Eternel Dieu fit à Adam et Eve des habits de peau, et il les en revêtit. Couverts grâce à un sacrifice sanglant ils seront néanmoins chassés du jardin d'Eden — sanction de leur désobéissance.

Si le serpent séduisit Eve par sa ruse, il nous appartient de veiller et de garder nos cœurs et nos pensées en Jésus-Christ !

L'Eternel porta un regard favorable sur Abel et sur son offrande (Genèse 4/4)

« C'est par la foi qu'Abel offrit à Dieu un sacrifice plus excellent que celui de Caïn ; c'est par elle qu'il fut déclaré juste, Dieu approuvant ses offrandes ; et c'est par elle qu'il parle encore quoique mort ». Toutes les religions du monde sont basées sur le même principe : espérer obtenir la faveur de Dieu par des "œuvres méritoires", en d'autres termes s'approcher de Lui par ses efforts personnels. La grâce de Dieu, offerte en Jésus-Christ, nous indique le chemin inverse : nous approcher de Dieu au travers d'un sacrifice sanglant. Abel l'avait bien compris. Pour autant, Dieu ne voulait pas rejeter Caïn, mais ce dernier a rejeté l'offre de la grâce ! Que reste-t-il à celui qui agit de la sorte ? Une fuite en avant, une vie d'errance, caractéristique de la chute. Ne ressemblons pas à Caïn, qui était du malin, et qui tua son frère. Et pourquoi le tua-t-il ? Parce que ses œuvres étaient mauvaises, et que celles de son frère étaient justes.

Dieu nous appelle à venir à Lui. Si la voix du sang d'Abel crie de la terre vers le Ciel la haine et le meurtre, la voix du sang de Jésus crie du Ciel vers la terre l'amour et le pardon pour le pécheur repentant.

Hénoc marcha avec Dieu ; puis il ne fut plus, parce que Dieu le prit (Genèse 5/24)

« C'est par la foi qu'Hénoc fut enlevé pour qu'il ne voie point la mort, et il ne parut plus parce que Dieu l'avait enlevé ; car, avant son enlèvement, il avait reçu le témoignage qu'il était agréable à Dieu ».

Hénoc était un homme de foi qui marchait au pas de Dieu. Cela a duré trois cents ans ! Notre marche chrétienne, à l'évidence, durera moins de temps ; mais qu'importe la durée de notre vie ici-bas, l'important est de marcher en nouveauté de vie et d'accomplir la volonté de Dieu. La vie d'Hénoc a été longue et sa "biographie" est très petite. Certains auront une vie très courte et leur biographie très étoffée. David Brainerd, envoyé par Dieu évangéliser les Peaux-Rouges, termina sa route terrestre à vingt-neuf ans. Cependant, et malgré sa grande faiblesse physique, il fit plus que la plupart des hommes en soixante-dix ans.

La durée de la vie ici-bas a une importance toute relative, l'essentiel est de marcher au pas de Dieu.

Comme vous avez reçu le Seigneur Jésus-Christ, marchez en lui, disait l'apôtre Paul.

L'Eternel regretta d'avoir fait l'homme sur la terre, et il fut affligé en son cœur (Genèse 6/6)

Triste phrase s'il en est une. C'est comme si un père regrettait la naissance de son enfant ! Mais Noé trouva grâce aux yeux de l'Eternel. Cependant la patience de Dieu arrivait à son terme : le jugement, longtemps suspendu, allait se manifester. C'est par la foi que Noé, divinement averti des choses qu'on ne voyait pas encore, et saisi d'une crainte respectueuse, construisit une arche pour sauver sa famille… jusqu'au jour où Noé entra dans l'arche ; le déluge vint, et les fit tous périr. Dieu avait ses raisons d'agir ainsi : la corruption régnait à tous les niveaux et dans tous les domaines ! Etrange comparaison avec notre monde contemporain. Dieu s'apprête à intervenir une nouvelle fois, non plus par l'eau mais par le feu du jugement ! Cependant il désire faire grâce : une autre porte que celle de l'arche est encore ouverte, « celui qui entre par Moi, sera sauvé » a dit Jésus. Il a ajouté : « Je ne mettrai pas dehors celui qui vient à moi ». Il est un mal bien plus grave que le déluge qui guette notre pauvre monde : les tourments éternels ! Entrons par la foi dans l'arche du salut et laissons-nous transporter dans un monde nouveau, le Royaume éternel du Fils de Dieu.

Toute la terre avait une seule langue et les mêmes mots (Genèse 11/1)

Ce verset, pris en dehors de son contexte, pourrait nous induire en erreur et nous faire croire que la terre est redevenue un paradis dans lequel les hommes sont tout à nouveau unis et parlent tous à l'unisson ! Nous savons qu'il n'en est rien et que l'être humain a toujours tendance à faire le contraire de ce que Dieu demande : s'unir quand il faut se disperser, s'élever quand il faut s'abaisser, etc. Comme rien ne peut les empêcher de faire tout ce qu'ils ont projeté, Dieu intervient : « Arrêtez, et sachez que je suis Dieu, je domine sur les nations, je domine sur la terre ».

Les projets échouent lorsque le conseil de Dieu est mis de côté « car, lequel de vous, s'il veut bâtir une tour, ne s'assied d'abord pour calculer la dépense et voir s'il a de quoi la terminer, de peur qu'après avoir posé les fondements, il ne puisse l'achever, et que tous ceux qui le verront ne se mettent à le railler, en disant : cet homme a commencé à bâtir, et il n'a pu achever » ? disait Jésus.

Dieu a choisi les choses folles du monde pour « confondre » (traduction de "Babel") les sages : ce n'est qu'en Jésus-Christ seul et par le Saint-Esprit que se forme la véritable unité.

Va-t'en de ton pays, de ta patrie, et de la maison de ton père, dans le pays que je te montrerai (Genèse 12/1)

Le Dieu de gloire apparut à notre père Abraham, lorsqu'il était en Mésopotamie. Dieu ne lui a pas communiqué une feuille de route sur laquelle étaient inscrites en détail toutes les étapes : Abraham partit sans savoir où il allait, faisant confiance à son Dieu. Si nous attendons une révélation complète du plan de Dieu à notre égard pour nous mettre en route, nous risquons de ne jamais prendre le départ ! Mettons-nous en route par la foi. Dieu se révèle petit à petit au fur et à mesure de notre obéissance. Avec Abraham le plan de Dieu se précise un peu plus : former un peuple par lequel viendrait un jour le Rédempteur promis. L'histoire du patriarche comme celle du peuple d'Israël sera parsemée d'embûches et de difficultés de toutes sortes, mais le plan de Dieu se réalisera, car quand Dieu commence une chose il l'achève toujours, indépendamment des hommes.

Soyons certains, pour nous qui avons pris le départ, que Dieu mènera tout à bonne fin pour ses enfants. Comptons chaque jour sur sa grâce et confions-nous en Celui qui nous a appelés. « L'Eternel gardera ton départ et ton arrivée, dès maintenant et à jamais ».

Alors l'Eternel dit : Cacherais-je à Abraham ce que je vais faire ? (Genèse 18/17)

« Le Seigneur ne fait rien sans avoir révélé son secret à ses serviteurs les prophètes ». La bible n'a pas pour but d'étaler le péché des hommes mais de le dénoncer, d'apporter le remède en mettant en valeur la grâce et le pardon de Dieu. Mais lorsque l'être humain s'endurcit et dépasse un point de non-retour que reste-t-il pour le pécheur impénitent ? Le jugement de Dieu, car notre Dieu est aussi un feu dévorant. Sodome et Gomorrhe et les villes voisines qui se livrèrent à la débauche et à des vices contre nature, sont ici données en exemple, subissant la peine d'un feu éternel.

« Ce qui arriva au temps de Lot arrivera pareillement. Les hommes mangeaient, buvaient, achetaient, vendaient, plantaient, bâtissaient ; mais le jour où Lot sortit de Sodome, une pluie de feu et de soufre tomba du ciel, et les fit tous périr. Il en sera de même le jour où le Fils de l'homme paraîtra ».

Lot a été sauvé in extremis grâce — nous sommes en droit d'y penser — à l'intercession d'Abraham, mais bien des tourments lui auraient été épargnés s'il avait suivi la trace de l'homme spirituel plutôt que la vallée luxuriante du Jourdain. « Sortez du milieu d'eux, et séparez-vous, dit le Seigneur ».

Voici le feu et le bois ; mais où est l'Agneau pour l'holocauste ? (Genèse 22/7)

La réponse définitive à cette question d'Isaac à Abraham sera apportée par Jean-Baptiste sur les rives du Jourdain environ dix-huit siècles plus tard : « Voici l'Agneau de Dieu, qui ôte le péché du monde ».

Il est évident que Dieu ne voulait pas réellement le sacrifice d'Isaac (aurait-il pu l'agréer ?), mais c'est l'obéissance d'Abraham qu'il recherchait. Un pécheur ne peut mourir pour un autre pécheur et obtenir la faveur de Dieu !
Il fallait un autre substitut et Dieu l'a prévu et donné en la personne de son Fils, et pratiquement au même endroit (sur le mont Golgotha) :
« Il a été mené comme une brebis à la boucherie ; et comme un agneau muet devant celui qui le tond, il n'a point ouvert la bouche. Mais il était blessé pour nos péchés, brisé pour nos iniquités ; le châtiment qui nous donne la paix est tombé sur lui, et c'est par ses meurtrissures que nous sommes guéris ».

Nous avons trouvé l'Agneau et il a ôté notre péché. Nous avons tout trouvé en Lui : Yahvé-Jiré "l'Eternel pourvoira".
La prophétie s'est accomplie, Dieu a pourvu à notre salut.

Ne me retardez pas, puisque l'Eternel a fait réussir mon voyage (Genèse 24/56)

Abraham confie à son serviteur Eliézer la mission d'aller chercher dans son pays d'origine une épouse pour son fils Isaac. Belle image du Père céleste qui, par le Saint-Esprit, prépare l'Eglise en vue de l'amener vers Jésus-Christ l'époux divin !

Au-delà de cette comparaison nous pouvons rendre grâce à Dieu pour ce « voyage » qu'il a préparé pour chacun de nous. Il nous rappelle que nous sommes des étrangers et des voyageurs sur cette terre, et que notre patrie est là-haut. Rébecca a tout laissé pour son futur époux, les bijoux présentés par Eliézer ont convaincu son cœur des richesses qui l'attendaient ! Le Saint-Esprit nous donne des gages de l'héritage spirituel qui nous attend, mais plus encore de la personne même de Jésus notre Pierre précieuse.

Le récit ne précise pas combien de temps le voyage a duré, ni les embûches éventuelles qu'ils ont pu rencontrer. Mais ils sont bien arrivés : une heureuse rencontre attendait Rebecca qui, levant les yeux, vit Isaac. Le serviteur dit : c'est mon seigneur !

Après avoir marché par la foi et avoir été conduit par l'Esprit de Dieu, nous serons présentés à Christ comme une vierge pure. Les noces de l'Agneau nous attendent dans le ciel.

Isaac creusa de nouveau les puits qu'on avait creusés du temps d'Abraham, son père (Genèse 26/18)

Chaque génération, comme chaque croyant en particulier, doit faire ses propres expériences avec Dieu. La connaissance seule ne suffit pas : Dieu n'était pas seulement le Dieu d'Abraham, mais aussi celui d'Isaac — comme il deviendra le Dieu de Jacob. Les choses s'estompent avec le temps, il faut les remettre en valeur. Les puits se bouchent, la génération présente a besoin d'eaux vives ! La connaissance intellectuelle des choses de la bible est bonne et nécessaire, mais rien ne peut remplacer la connaissance spirituelle des choses de Dieu.

Il faut parfois se battre, spirituellement parlant, pour l'acquérir (Esek : "dispute"), car nous ne combattons pas contre la chair et le sang (Sitna : "ennemi"), mais Dieu nous donne la victoire et nous met au large (Rehoboth : "largeur").

Isaac n'a pas seulement creusé des puits, il a aussi semé dans le pays, et il a recueilli le centuple, car l'Eternel le bénit. Il a, comme son père Abraham, bâti un autel :

soyons des adorateurs et des hommes de prière. Il a également dressé sa tente, indiquant par là que son espace de vie était un sanctuaire pour Dieu.
Il a aussi béni Jacob et Esaü, en vue des choses à venir.

L'Eternel est en ce lieu, et moi, je ne le savais pas ! (Genèse 28/16)

Après avoir « volé » à Esaü la bénédiction d'Isaac, Jacob doit s'enfuir en Mésopotamie chez son oncle Laban. Il y restera vingt années, dont deux fois sept années pour Rachel qu'il aimait particulièrement. Que de ruses et de tromperies dans la vie de Jacob ! Dieu l'avait choisi et avait décidé de le bénir : avait-il besoin d'user de tant de détours ? Certes non. Epargnons-nous regrets, angoisses, temps perdu inutilement en faisant confiance au Seigneur pour l'accomplissement de ses desseins bienveillants dans nos vies.

Dieu, dans sa bonté, a veillé sur Jacob : dès le début de cet exode il s'est révélé à Jacob au travers d'un songe, l'assurant de sa présence et de sa protection. Amour insondable de Dieu qui a fait les hommes droits mais qui ont cherché beaucoup de détours. Le Seigneur a souvent été présent à nos côtés sans que nous réalisions sa présence. Non seulement nous ne pouvons rien cacher à Dieu, mais nous ne pouvons nous cacher de Dieu.

La vision de "l'échelle de Jacob" aura son accomplissement en Jésus notre Sauveur qui a dit : « vous verrez désormais le ciel ouvert et les anges de Dieu monter et descendre au-dessus du Fils de l'homme ».

Retourne au pays de tes pères et dans ton lieu de naissance, et je serai avec toi (Genèse 31/3)

Indépendamment du comportement des hommes, le plan de Dieu s'accomplit. Les voies de Dieu sont parfois bien étranges : Jacob reviendra au pays de Canaan avec ses nombreux enfants qui formeront plus tard, par leurs descendants, le peuple d'Israël. Jacob revient donc au pays, mais il reste une interrogation : quelle sera la réaction de son frère Esaü ? Toutes ces années auront-elles effacé l'inimitié entre les deux antagonistes ? Le temps finit par adoucir certaines souffrances, mais il ne règle jamais les choses en profondeur. Seule une rencontre décisive avec Dieu va tout changer pour Jacob. L'Ange de l'Eternel viendra au-devant de lui avant qu'il ne puisse aller au-devant de son frère Esaü. Ce que les années n'ont pu accomplir, la grâce de Dieu l'accomplira : « J'ai vu Dieu face à face, et mon âme a été sauvée ». Le soleil s'était levé pour Jacob, un jour nouveau pouvait commencer, pour ne pas dire une vie nouvelle. Jacob ne marchera plus jamais comme auparavant (il boitait de la hanche). Les cadeaux qu'il offrira à son frère n'y ajouteront rien. « Quand Dieu approuve les voies d'un homme il dispose à son égard même ses ennemis ». La réconciliation avec notre prochain passe par une véritable réconciliation avec Dieu !

Joseph, âgé de dix-sept ans, faisait paître le troupeau avec ses frères (Genèse 37/2)

Quelques pages plus loin, nous lisons : « Joseph était âgé de trente ans lorsqu'il se présenta devant Pharaon ». Que de souffrances pour Joseph durant ces treize années ! Jeté dans un puits, vendu aux Madianites, acheté par Potiphar, accusé d'un péché qu'il n'avait pas commis, jeté en prison ; Dieu se révélant à lui par des songes en lui montrant le devenir des hommes et des temps ; élevé jusqu'au trône de l'Egypte, du moins comme le bras droit de Pharaon ; finalement reconnu par ses frères qui le croyaient mort. Qui veut méditer ces pages avec sérieux y trouvera en parallèle la vie de notre Seigneur Jésus-Christ : ses souffrances et la gloire dont elles ont été suivies. Joseph a servi en son temps au dessein de Dieu. « C'est pour vous sauver la vie que Dieu m'a envoyé devant vous », dira-t-il à ses frères affligés. Et lorsque ceux-ci émettront quelques doutes sur ses sentiments, Joseph leur dira : « soyez sans crainte…vous aviez médité de me faire du mal, Dieu l'a changé en bien, pour accomplir ce qui arrive aujourd'hui, pour sauver la vie à un peuple nombreux ».
Tous les événements de notre vie sont sous le contrôle du Seigneur qui a en vue pour nous et les autres de riches bénédictions !

L'Eternel a donné, et l'Eternel a ôté ; que le nom de l'Eternel soit béni ! (Job 1/21)

Telle est la parole prononcée par Job, après les épreuves cruelles qui se sont abattues sur lui. Job ignorait ce qui s'était tout d'abord passé dans les lieux célestes. N'oublions jamais que nous avons à faire à un monde spirituel, notre combat est dans les lieux célestes. « Satan vous a réclamé pour vous cribler comme le froment, mais j'ai prié pour toi, afin que ta foi ne défaille point ». Cette parole de Jésus adressée à Simon Pierre, correspond exactement au cas de Job. Nous sommes parfois accablés de tous côtés et dans tous les domaines. Nous passons par le creuset et nous sommes dans la fournaise de l'adversité. N'oublions jamais ceci : Dieu ne permettra jamais que nous soyons éprouvés au-delà du supportable ; il prépare pour nous le moyen d'en sortir. « Mais il faut que l'épreuve accomplisse parfaitement son œuvre ». L'important n'est pas l'épreuve en elle-même et la durée de celle-ci, mais ce que Dieu veut nous montrer et ce qu'il a à nous dire. Car l'Eternel parle, « tantôt d'une manière, tantôt d'une autre », et l'on n'y prend point toujours garde. Frères, tout est sous le contrôle du Seigneur qui prie pour nous dans le sanctuaire céleste.
Notre Rédempteur est vivant !

Trois amis de Job…apprirent tous les malheurs qui lui étaient arrivés (Job 2/11)

Ils se concertèrent et partirent de chez eux pour aller le plaindre et le consoler. Nous ne pouvons mettre en doute leurs louables intentions, mais manifestement, ils ne se sont pas montrés à la hauteur de la tâche ! Là où ils se sont peut-être montrés les plus sages, c'était pendant la première semaine…de silence ! Nos exhortations les plus belles, nos citations bibliques, nos savantes démonstrations spirituelles ne sont pas toujours accompagnées de discernement spirituel. Que le Saint-Esprit nous accorde la grâce de venir en aide à ceux qui souffrent. Nos bonnes intentions ne sont pas suffisantes, nous avons besoin d'un minimum de bon sens spirituel pour ne pas être des consolateurs fâcheux.

La "cure d'âme" — ou "relation d'aide" — requiert certes des qualifications humaines, mais qui montrent vite leurs limites devant certaines situations particulièrement douloureuses. Seul le Souverain sacrificateur pouvait pénétrer dans le lieu très saint du Tabernacle. Un seul a droit d'accès dans l'intimité du cœur de celui qui souffre. N'essayons pas de prendre la place de Dieu ! C'est dans la communion du Saint-Esprit que nous serons à même de venir en aide à notre prochain.

L'Eternel rétablit Job dans son premier état, quand Job eut prié pour ses amis (Job 42/10)

L'épreuve de Job s'est avérée positive à tous égards. Tout d'abord pour Dieu qui a été glorifié par rapport à l'arrogance et à la provocation initiales de Satan. Ensuite pour les amis de Job qui ont appris au moins ceci : ce n'est pas à cause d'un péché que Job a souffert ! Puis enfin pour Job lui-même — qui a parfois cherché à se justifier et par conséquent à se regarder comme juste — mais qui reconnaîtra la grandeur et la bonté de l'Eternel : « Je reconnais que tu peux tout. Mon oreille avait entendu parler de toi ; mais maintenant mon œil t'a vu. C'est pourquoi je me condamne et je me repens sur la poussière et sur la cendre ». Pendant ses dernières années, Job reçut de l'Eternel plus de bénédictions qu'il n'en avait reçu dans les premières. Non seulement il a expérimenté la guérison pour son corps, mais ses biens terrestres ont été multipliés par deux. Il est peu parlé de l'attitude finale de son épouse, mais nul doute que dans ce domaine il y eut un revirement total ! Sept fils et trois filles naîtront dans ce foyer qui a retrouvé le calme après la tempête, la joie après la tristesse, mais surtout une meilleure connaissance de Dieu et de sa souveraineté.
« Job mourut…âgé et rassasié de jours » !

Elle vit que l'enfant était beau, et elle le cacha pendant trois mois (Exode 2/2)

Dieu n'a pas oublié son peuple, ni l'alliance qu'il a contractée avec Abraham, Isaac et Jacob. Mais il y a des temps et des moments dans le plan de Dieu. Dieu préparait son libérateur, qui, dès sa naissance a vu sa vie menacée par Pharaon, tout comme le Seigneur Jésus a été l'objet de la haine d'Hérode — qui en voulait à la vie du petit enfant. En cela, et dans bien d'autres domaines encore, Moïse sera un excellent "type" de Christ. Satan a tenté par tous les moyens de s'opposer à la venue du Libérateur promis. Son plan a échoué. Celui qui a veillé sur Moïse sur le fleuve, a veillé sur son Fils Bien-Aimé. « C'est par la foi que Moïse, à sa naissance, fut caché pendant trois mois par ses parents, parce qu'ils virent que l'enfant était beau, et qu'ils ne craignirent pas l'ordre du roi ». Moïse était beau aux yeux de Dieu ("divinement beau", version Darby). Au-delà de l'aspect purement physique, il y a une beauté morale que Dieu a placée dans le cœur de ceux qu'il appelle à un service particulier. L'ennemi fera tout pour dégrader cette parure intérieure. Ne craignons rien, même si notre vie est « exposée », nous sommes cachés avec Christ en Dieu, et des mains bienveillantes sont prêtes à nous recueillir et à nous élever dans toute la sagesse de Dieu.

L'Ange de l'Eternel lui apparut dans une flamme de feu, au milieu d'un buisson (Exode 3/2)

Le temps a passé. Après avoir mal débuté, Moïse a été conduit pendant quarante ans dans le désert de Madian pour recevoir une formation spirituelle qui devait le conduire à diriger le peuple de Dieu dans un autre désert, le Sinaï — durant quarante autres années. « Moïse préféra être maltraité avec le peuple de Dieu plutôt que d'avoir pour un temps la jouissance du péché ». Les cris de détresse de ce peuple seront entendus de Dieu qui a vu sa souffrance en Egypte. « Quand un malheureux crie, l'Eternel entend, et il le sauve de toutes ses détresses » L'Ange de l'Eternel était là, dans la flamme d'un buisson en feu. C'est maintenant le temps de Dieu. Moïse reçoit son appel, son ordre de mission, son équipement surnaturel, mais surtout la révélation de la sainteté de l'Eternel et de l'état de son propre cœur. Il en est toujours ainsi avec le Seigneur. La tâche ne sera pas facile auprès des anciens qu'il fallait convaincre et surtout auprès de Pharaon qui avait le cœur dur comme la pierre. Mais la Parole de Dieu — « laisse aller mon peuple » — s'accomplira, car qui lui résisterait impunément ?

« L'homme te célèbre même dans sa fureur, quand tu te revêts de tout ton courroux », disait Asaph

de la sortie d'Egypte à la mort de Moïse…

On prendra de son sang, et on en mettra sur les deux poteaux et sur le linteau de la porte des maisons (Exode 12/7)

Aucune des neuf plaies n'a pu permettre la délivrance du peuple d'Israël. Elles n'ont cependant pas été vaines, puisque chacune a fait tomber une divinité des égyptiens. Les miracles ont leur place dans le plan de Dieu et dans la propagation du message de la Bonne Nouvelle, mais seul le sang de l'Agneau de Dieu répandu sur la croix peut assurer au pécheur la délivrance de la captivité du péché, dans la mesure où ce dernier y croit en acceptant Jésus crucifié et ressuscité comme son Sauveur personnel. La justice de Christ lui est alors imputée et Dieu le compte au nombre des siens.

L'agneau vivant ne pouvait sauver, il fallait l'égorger : Jésus devait verser son sang sur la croix pour nous sauver. « On prendra de son sang » : il faut une appropriation personnelle de son œuvre.

Christ, notre Pâque, a été immolé. « Célébrons donc la fête, non avec un levain de malice et de méchanceté, mais avec les pains sans levain de la pureté et de la vérité ». Aucune Pâque semblable ne fut jamais plus célébrée : un seul sacrifice fait une fois pour toutes a suffi.

« Tout est accompli » !

Moïse étendit sa main sur la mer. Et l'Eternel refoula la mer par un vent d'orient (Exode 14/21)

Pharaon était furieux d'avoir laissé partir le peuple dont il n'aurait plus les services. Le diable l'est quand un de ses disciples lui a échappé pour passer dans le camp du Maître. Impossible d'échapper à vues humaines : la mer devant eux, les égyptiens derrière eux, le désert les enfermant…les enfants d'Israël allaient connaître leur première épreuve, aussi devaient-ils compter sur la parole de leur leader : « l'Eternel combattra pour vous ; et vous, gardez le silence ». La suite est bien connue : « C'est par la foi qu'ils traversèrent la mer Rouge, comme un lieu sec, tandis que les Egyptiens qui tentèrent de passer furent engloutis ». Les chants après les larmes : « Je chanterai à l'Eternel, car il a fait éclater sa gloire ; Il a précipité dans la mer le cheval et son cavalier. L'Eternel est ma force et le sujet de mes louanges ; c'est Lui qui m'a sauvé ».

Sauvés par le sang de l'Agneau de Dieu, soyons baptisés en Moïse dans la nuée et dans la mer, c'est-à-dire en Jésus notre Sauveur. Les enfants d'Israël ont traversé la mer Rouge après avoir été délivrés du pays de la servitude par le sang de l'agneau : nous nous faisons baptiser, non pour être délivrés de nos péchés, mais parce que nous l'avons été par la foi dans l'œuvre du Calvaire

Toute l'assemblée des enfants d'Israël murmura dans le désert contre Moïse et Aaron (Exode 16/2)

On a dit que les enfants d'Israël avaient quitté l'Egypte, mais que l'Egypte ne les avait pas quittés ! Certes, murmurer ce n'est pas contester ouvertement mais c'est certainement le chemin qui y conduit. Murmurer c'est dresser deux "murs" : l'un entre Dieu et nous, l'autre avec notre prochain. La marche des Hébreux dans le désert a été ponctuée de murmures. Qu'il n'en soit pas ainsi pour nous. « Faites toutes choses sans murmures ni hésitations », disait Paul aux Philippiens. N'est-il pas surprenant qu'à l'attitude des enfants d'Israël Dieu réagisse par l'envoi des cailles et de la manne ? D'un côté l'ingratitude du cœur de l'homme, de l'autre la bonté de Dieu. Mais qu'on ne s'y trompe pas : la bonté de Dieu lorsqu'elle se manifeste dans nos vies, est un appel à la repentance ; si nous refusons de le reconnaître, notre cœur s'endurcit et nous écarte des voies de Dieu. Les ouvriers de la première heure murmurèrent contre le maître de la maison. Les pharisiens et les scribes murmuraient. « Ce sont des gens qui murmurent, qui se plaignent de leur sort, qui marchent selon leurs convoitises ».
Ne soyons pas de ceux-là !

Tu frapperas le rocher, et il en sortira de l'eau, et le peuple boira (Exode 17/6)

Le peuple était là, pressé par la soif, et murmurait (une fois de plus) contre Moïse ! Une fois de plus l'Eternel manifeste sa grande miséricorde à l'égard de son peuple. « Il fendit des rochers dans le désert, et il donna à boire comme des flots abondants ; du rocher il fit jaillir des sources, et couler des eaux comme des fleuves. Mais ils continuèrent à pécher, et à se révolter contre le Très-Haut dans le désert ». Il y a là bien entendu une préfiguration de l'œuvre de Jésus : « ils ont tous bu le même breuvage spirituel, car ils buvaient (par anticipation) à un rocher spirituel qui allait venir, et ce rocher était Christ ». Il en avait été de même pour la manne qui avait été l'annonce du Pain de vie qui allait descendre du Ciel.

Il était dangereux pour Israël de se livrer à la contestation et aux querelles (Massa et Meriba) car l'ennemi (Amalek) était déjà en vue. Le temps était plutôt à l'unité, à la confiance, à l'invocation de Dieu et à la préparation au combat sous la bannière de l'Eternel. Devant les menaces de notre ennemi, notre recours est dans le Nom de Jésus, le Rocher frappé du Père qui répand à flots la vie. « Si quelqu'un a soif, qu'il vienne à moi et qu'il boive ». « Le ruisseau de Dieu est plein d'eau » !

**L'Eternel dit à Moïse : monte vers moi sur la montagne, et reste là…
(Exode 24/12)**

A plusieurs reprises Dieu a appelé Moïse de cette manière. Pour lui confier les dix commandements — tous repris dans le Nouveau Testament (sauf celui d'observer le sabbat car il ne s'adressait qu'au seul peuple d'Israël). Pour lui confier la révélation du Tabernacle afin qu'il fasse tout d'après le modèle que Dieu lui avait montré. Pour graver à nouveau les dix Paroles sur de nouvelles tables de pierre — les premières ayant été brisées par Moïse suite à l'affaire du "veau d'or". Dieu n'a-t-il pas des choses à nous dire, à nous rappeler, à nous communiquer ? Monte vers moi sur la montagne ! Où que nous habitions, cette parole s'adresse à chaque croyant en particulier. Jésus n'a-t-il pas dit : « Entre dans ta chambre, ferme ta porte, et prie ton Père qui est là dans le lieu secret » ? C'est une manière de "monter".

Dieu ne va pas nous communiquer d'autres paroles que celles de la Bible, ni de nouvelles révélations dont certains semblent si friands de nos jours ; mais il nous rappellera sa Parole, illuminera les yeux de notre cœur, nous renouvellera dans sa communion, et nous "redescendrons" rayonnant d'une joie nouvelle car nous aurons parlé à Dieu face à face, comme un ami parle à son ami.

Ils me feront un sanctuaire, et j'habiterai au milieu d'eux (Exode 25/8)

Ce sera la tente d'assignation (ou tente de la rencontre) dressée dans le désert. Le plan, le choix des coloris, la quantité et la qualité des matériaux utilisés, les ouvriers, les fonctions de chacun…tout était l'initiative de Dieu pour le parvis, le lieu saint et pour le lieu Très-Saint. Tout avait de l'importance, et rien n'était laissé au hasard et à l'initiative de l'homme. L'étude détaillée du Tabernacle apporte à l'enfant de Dieu une richesse spirituelle certaine, capable de transformer littéralement ses relations avec Dieu. L'Epître aux Hébreux doit nécessairement accompagner cette étude. En quelques mots rappelons que le parvis nous parle de salut, l'autel des holocaustes représentant l'œuvre expiatoire de Jésus au Calvaire et la cuve d'airain l'action purificatrice et régénératrice de la Parole de Dieu. Le lieu saint nous parle du serviteur éclairé par la lumière de l'Esprit (le chandelier) nourri par le Pain de vie (la table), soutenu par l'intercession de Christ (l'autel des parfums). Le lieu Très-Saint nous parle de l'intimité de la présence de Dieu grâce au sang répandu sur le propitiatoire. Franchissons ces différentes étapes car « nous avons au moyen du sang de Jésus une libre entrée dans le sanctuaire » !

Le peuple, voyant que Moïse tardait à descendre de la montagne…(Exode 32/1)

C'est le genre de texte qui nous afflige profondément mais que le Saint-Esprit a laissé pour notre instruction, afin que nous n'ayons pas de mauvais désirs comme ils en ont eu ! L'affaire du "veau d'or" est toujours d'actualité. Ayant oublié Celui qui est monté au-dessus de tous les cieux (Jésus), le monde religieux se couvre de honte par ses pratiques idolâtres et sensuelles.

Paul écrivait dans son Epître aux Corinthiens : « Je crains qu'à mon arrivée mon Dieu ne m'humilie de nouveau à votre sujet, et que je n'aie à pleurer sur plusieurs de ceux qui ont péché précédemment, et qui ne se sont pas repentis de l'impureté, de la débauche et des dérèglements auxquels ils se sont livrés ». Quel spectacle pour Moïse…après avoir passé ce temps béni dans la présence de Dieu. Quelle différence entre le Ciel et la terre ! Entre la lumière et les ténèbres, Christ et Bélial, entre le fidèle et l'infidèle, entre le Temple de Dieu et les idoles !

« Le Seigneur connaît ceux qui lui appartiennent ». Soyons comme les enfants de Lévi qui s'assemblèrent auprès de Moïse et qui se sont consacrés à l'Eternel afin qu'Il nous accorde aujourd'hui une riche bénédiction.

Moïse dressa le Tabernacle. Alors la nuée couvrit la tente d'assignation (Exode 40/16-34)

Tout a donc été construit selon le divin modèle. L'approbation de Dieu s'est manifestée par la présence bénie de la nuée, et la gloire de l'Eternel remplissait le Tabernacle à tel point que Moïse ne pouvait pas y entrer ! C'était l'ombre des choses à venir : la réalité est en Christ. Il y a pour nous « un Tabernacle plus grand et plus parfait qui n'a pas été construit de main d'homme ». Que le Saint-Esprit nous fasse réaliser le privilège qui est le nôtre ! Les sacrificateurs de la nouvelle alliance, c'est-à-dire ceux qui ont été rachetés par le sang de Jésus, ont accès auprès du Père, sont abreuvés par l'Esprit de la grâce, sont soutenus par l'intercession du Grand Souverain Sacrificateur.

N'envisageons rien en dehors de la volonté de Dieu. « Aussi longtemps que durèrent leurs marches, les enfants d'Israël partaient, quand la nuée s'élevait de dessus le Tabernacle. Et quand la nuée ne s'élevait pas, ils ne partaient pas, jusqu'à ce qu'elle s'élève. La nuée de l'Eternel était de jour sur le Tabernacle ; et de nuit il y avait un feu, aux yeux de toute la maison d'Israël, pendant toutes leurs marches ».

Soyons sensibles à la voix de l'Esprit. Laissons-nous conduire par Lui d'étape en étape !

**Lorsque quelqu'un d'entre vous fera une offrande à l'Eternel, il offrira...
(Lévitique 1/2)**

La pensée centrale des sacrifices est avant tout une "*substitution*". Le Dieu juste et saint ne peut tolérer le péché et celui qui le commet délibérément mérite la mort. Mais c'est aussi le Dieu d'amour et il veut faire grâce au pécheur ; aussi l'animal sacrifié meurt à la place du pécheur et celui-ci est pardonné. L'animal innocent a pris sa place (s'est substitué à lui) et son péché est expié. L'être humain ne peut expier ses péchés par lui-même ; vouloir le faire par le produit de ses propres efforts est une preuve d'orgueil et d'autosuffisance et ne mène qu'à la désapprobation divine. Il y a aussi la notion d'une "*identification*" : en posant sa main sur la tête de l'animal sacrifié, le pécheur s'identifie avec la victime. On y trouve également le symbole d'une "*communion*", notamment avec les sacrifices d'actions de grâces, car ils étaient suivis d'un repas, symbole de communion. Et comme dans certains types de sacrifices l'animal était entièrement consumé, il y avait la pensée de "*l'adoration*". Elle se caractérise par le don total de sa personne envers Celui qui nous a tout donné. Enfin, en désirant vivre désormais dans la sanctification, il y a la figure d'une entière "*consécration*".

**Un sacrifice consumé par le feu, d'une agréable odeur à l'Eternel
(Lévitique 1/17)**

Cinq sortes de sacrifices étaient offertes au Tabernacle. Les trois premiers sont appelés « sacrifices d'agréables odeur à l'Eternel ». Ils sont entièrement volontaires. Les deux derniers sacrifices ne comportent pas la mention « d'agréable odeur à l'Eternel », parce qu'ils servent à l'expiation du péché, et sont obligatoires.

Christ est la parfaite synthèse de ces différents sacrifices : « Il nous a aimés et s'est livré lui-même à Dieu pour nous comme une offrande et un sacrifice de bonne odeur ».

Dans la Nouvelle Alliance, les croyants offrent des « sacrifices spirituels » : « Par Jésus, offrons sans cesse à Dieu un sacrifice de louange, c'est-à-dire le fruit de lèvres qui confessent son nom. Et n'oubliez pas la bienfaisance et la libéralité, car c'est à de tels sacrifices que Dieu prend plaisir » (l'obéissance vaut mieux que tous les sacrifices).

« Les sacrifices qui sont agréables à Dieu, c'est un esprit brisé, un cœur contrit et humilié ». L'Ecriture met toujours l'accent sur le côté pratique des choses : « Je vous exhorte, disait Paul aux Romains, par les compassions de Dieu, à offrir vos corps comme un sacrifice vivant, saint, agréable à Dieu, ce qui sera de votre part un culte raisonnable ».

L'Eternel parla à Moïse, et dit : Prends Aaron et ses fils avec toi, l'huile d'onction, le taureau expiatoire…(Lévitique 8/1)

Lors d'une cérémonie solennelle et publique les sacrificateurs étaient consacrés à Dieu et des sacrifices étaient offerts. Le sang des sacrifices devait être appliqué sur le lobe de l'oreille droite, pour qu'elle soit fermée aux doctrines des hommes et ouverte à la voix de Dieu ; sur le pouce de la main droite, pour rappeler au sacrificateur qu'il devait oeuvrer avant tout comme un serviteur de Dieu ; sur le gros orteil du pied droit, car le sacrificateur se devait de marcher dans les voies de Dieu.

Quelle leçon spirituelle pour nous dans la Nouvelle Alliance, car Christ a fait de nous un royaume, des sacrificateurs pour Dieu son Père.

Mais nous ne sommes pas livrés à nous-mêmes : les sacrificateurs étaient ensuite oints de l'huile sainte. Le service de Dieu ne peut être efficace sans l'onction céleste. A l'image du lépreux purifié par le sang, laissons l'huile être déposée là où le sang a été appliqué. Après la croix vient la Pentecôte. Purifiés et mis à part par le sang de Jésus et oints par la puissance du Saint-Esprit, nous serons en mesure de remplir la vocation que Dieu nous a adressée.

Les fêtes de l'Eternel, que vous publierez, seront de saintes convocations (Lévitique 23/2)

Il s'agit bien des fêtes "de" l'Eternel (et non "du" peuple). Elles sont au nombre de sept : la Pâque, les Pains sans levain, la fête des Prémices, la Pentecôte, les Trompettes, le jour des Expiations, et la fête des Tabernacles.

La Pâque : lors de cette fête, des milliers d'agneaux étaient égorgés mais Dieu avait préparé « un » Agneau sans défaut et sans tache, prédestiné avant la fondation du monde, manifesté à la fin des temps et par lequel nous sommes rachetés de la vaine manière de vivre — par son sang précieux versé à la croix. Non seulement nous sommes au bénéfice du sang de Jésus, mais n'oublions pas de nous nourrir chaque jour de l'Agneau pascal !

La fête des pains sans levain, intimement liée à la Pâque, nous rappelle la nécessité de vivre dans la sanctification : notre « maison » doit être nettoyée de tout levain. Que ce soit le levain des pharisiens (la religiosité et l'apparence de la piété), que ce soit le levain des saduccéens (le rationalisme, la négation du surnaturel) ou le levain d'Hérode (la sensualité et la violence).

La fête des prémices : la gerbe, prémices de la moisson, présentée par le sacrificateur à l'Eternel évoque Jésus les prémices de ceux qui sont morts. La résurrection de Jésus d'entre les morts est le gage de la nôtre : quelle espérance bénie !

La Pentecôte : pour Israël c'était le rappel du don de la loi, mais pour les chrétiens c'est l'annonce et le rappel du don de l'Esprit. L'Esprit est donné à ceux qui ont reçu Jésus comme l'Agneau de Dieu (Pâque) ; à ceux qui ont été sanctifiés par l'offrande du corps de Jésus (Pains sans levain), et qui ont cru dans la résurrection du Fils de Dieu (Prémices).

Les trois dernières fêtes concernent essentiellement le peuple d'Israël.

Les trompettes : après l'enlèvement de l'Eglise, Dieu va reprendre ses relations avec le peuple d'Israël. La sonnerie des trompettes est souvent mise en rapport avec le rassemblement du peuple d'Israël dispersé. Ce sera "le nouvel an Juif" : au travers de la Tribulation « ils reconnaîtront (enfin) Celui qu'ils ont percé » — ce sera :

Le jour des expiations : le Grand Souverain Sacrificateur leur apparaîtra dans toute sa gloire. Désormais les enfants d'Israël pourront accueillir Celui qui posera ses pieds sur le mont des Oliviers. Il entreront enfin dans le repos de Dieu — ce sera :

La fête des tabernacles : la tribulation sera passée, l'Antichrist aura été jugé, le temps des nations aura été accompli, le règne du Messie pourra s'établir. Les enfants d'Israël puiseront « de l'eau avec joie aux sources du salut ».

Les enfants d'Israël camperont chacun près de sa bannière (Nombres 2/1)

Qu'il est beau ce camp d'Israël : c'est le camp de Dieu — le Tabernacle est au milieu ; à l'entrée, Aaron et ses fils; les Lévites de chaque côté de la tente d'assignation ; et tout autour les douze tribus d'Israël : trois au nord, trois au sud, trois à l'est, trois à l'ouest. Tout est ordonné, organisé, dénombré, répertorié, chacun a sa tâche, sa fonction. L'ordre et la vie vont ensemble. Ce n'est pas l'ordre qui crée la vie certes, mais la vie n'exclue pas l'ordre : « Dieu est un Dieu d'ordre ». Il l'a montré à la création, Il le manifeste au sein du peuple d'Israël, Il le suscite au sein de l'Eglise et Il le désire dans chacune de nos vies.

Paul écrivait aux Colossiens : « Si je suis absent de corps, je suis avec vous en esprit, voyant avec joie le bon ordre qui règne parmi vous ». Mais, le plus important dans tout cela, c'est la présence de l'Eternel symbolisée par la nuée. Dieu est au milieu de son peuple. Il est le Dieu vivant.

Par conséquent veillons à ce que l'ordre n'étouffe pas la vie. Paul ne disait-il pas : « N'éteignez pas l'Esprit, ne méprisez pas les prophéties…n'empêchez pas de parler en langues »?

La nuée s'éleva de dessus le Tabernacle du témoignage. Et les enfants d'Israël partirent du désert du Sinaï (Nombres 10/11-12)

Après être resté environ une année au Sinaï, le peuple de Dieu se remet en marche. Il était loin de se douter de la longueur de la route !
Que d'événements avant l'arrivée aux frontières du pays de Canaan. Certains sont relatés, mais bien des années sont passées sous silence !
Le désert a été un passage obligé pour Israël. Ne craignons pas les "détours" de Dieu. Dieu sait ce qu'Il fait ! Il ne se trompe jamais ! Il y a des voies qu'on aimerait éviter, des déserts sans fin, des temps d'épreuve : la maladie, la perte d'un être cher, l'éloignement de certains amis, des difficultés financières…bref, tout un cortège de tribulations. Mais nous ne regardons pas aux choses visibles ; nous ne perdons pas de vue notre vocation ; nous avons les yeux fixés sur la rémunération. Dieu connaît le chemin.

Ainsi le peuple quitte le Sinaï. La tribu de Juda part la première…celle de Dan fermera la marche. Il y a ceux qui sont à la tête du peuple de Dieu, et tous ceux qui suivent. Mais il importe de prendre le bon itinéraire, de prendre soin les uns des autres, de marcher d'un même pas.

« Et le Dieu d'amour et de paix sera avec nous » !

Je prendrai de l'Esprit qui est sur toi, et je le mettrai sur eux (Nombres 11/17)

Les enfants d'Israël recommencèrent à pleurer ! Le cœur de l'homme est oublieux des bénédictions du passé. Ils en viennent à regretter leur vie en Egypte, la manne ne leur suffisant plus, ils s'en prennent à Moïse : Donne-nous de la viande à manger ! Même Aaron et Myriam se laisseront, peu après, gagner par le vent de la contestation. Dieu vient au secours de l'accablement de Moïse en qualifiant soixante-dix hommes parmi les anciens d'Israël, afin qu'il ne porte pas la charge à lui seul : « Il prit de l'Esprit qui était sur lui, et le mit sur les soixante-dix anciens ».

L'abondance de viande qu'ils reçurent ce jour-là fut à la mesure de leur convoitise ! Elle n'est pas toujours synonyme de bénédiction, ce qui s'en suivit le prouve bien : nombreux furent ceux qui moururent ce jour-là ! Contentons-nous de nos biens actuels. Dieu dit : Jamais je ne t'abandonnerai ni ne te délaisserai. David rendait ce témoignage : « J'ai été jeune, j'ai vieilli et je n'ai pas vu le juste abandonné, ni sa postérité mendiant son pain ». Et Paul de son côté : « J'ai appris à être rassasié et à avoir faim ».

Il est bon d'attendre dans le silence de la foi le secours de l'Eternel !

Envoie des hommes pour explorer le pays de Canaan, que je donne aux enfants d'Israël (Nombres 13/2)

Cette exploration de reconnaissance a révélé deux choses dans le cœur des douze « espions » envoyés par Moïse : ceux qui marchent par la vue et ceux qui marchent par la foi. La différence est de taille ! Tous ont vu les mêmes choses : les fruits du pays, les villes fortifiées, les géants etc. Seuls Caleb et Josué "verront" plus loin, et surtout plus haut. Ils resteront seuls vivants parmi ces hommes qui étaient allés pour explorer le pays et — malgré la sentence de la privation du pays de Canaan pour le peuple et l'annonce de l'errance dans le désert une génération durant — ils seront aussi les seuls de ce temps-là à entrer dans le pays de la promesse.

Veillons sur nos cœurs et nos pensées, gardons une foi totale dans les promesses de Dieu, sans nous attarder sur tout ce que nous voyons et entendons. « Ce que sa bouche a dit, sa main l'accomplira ». Les promesses de Dieu sont "oui" et "amen" en Jésus. Encourageons, à l'instar de Caleb et de Josué, nos frères et nos sœurs dans la voie de la foi. Souvenons-nous que nos manières de considérer les choses peuvent avoir de bonnes ou de mauvaises conséquences pour les autres.

Ils se soulevèrent contre Moïse, avec deux cent cinquante hommes des enfants d'Israël (Nombres 16/2)

Les principaux opposants dans cette affaire étaient Koré, Dathan, et Abiram. Non seulement ils ont contesté l'autorité de Moïse, mais ils voulaient vraisemblablement s'emparer des fonctions les plus élevées. Paul dira aux anciens d'Ephèse : « Je sais… qu'il s'élèvera du milieu de vous des hommes qui enseigneront des choses pernicieuses, pour entraîner les disciples après eux ». C'est exactement ce qui s'est passé ici. Le jugement particulièrement sévère de Dieu qui s'en suivit était à la hauteur du péché de ces hommes et de ceux qui les ont suivis, car la vie même du peuple était en jeu. Il a fallu l'intercession de Moïse, qui s'est placé entre les morts et les vivants, pour que la plaie s'arrête. Dieu réaffirmera l'autorité spirituelle d'Aaron, le souverain sacrificateur en permettant que sur son bâton, symbole d'autorité, poussent des boutons, apparaissent des fleurs et mûrissent des amandes. A l'image de Christ qui, par sa résurrection d'entre les morts a démontré qu'il était ce qu'il avait déclaré être : le choix de Dieu.

L'Ecriture nous demande d'avoir de la déférence pour nos conducteurs spirituels et de la considération. S'ils demeurent des hommes faillibles, ils n'en sont pas moins le choix de Dieu !

Quiconque avait été mordu par un serpent, et regardait le serpent d'airain, conservait la vie (Nombres 21/9)

Le peuple a erré très longtemps dans le désert, Marie et Aaron sont morts, la génération qui a vécu la sortie d'Egypte disparaît petit à petit, le temps vient où le peuple d'Israël prend résolument la direction de Canaan ; plusieurs étapes restent à franchir et les plaintes sont toujours présentes. Alors l'Eternel envoya contre le peuple des serpents brûlants ; mais, après les regrets du peuple et l'intercession de Moïse, Dieu donne le remède : « Fais-toi un serpent brûlant, et place-le sur une perche ; quiconque aura été mordu, et le regardera, conservera la vie ». Cette belle image nous renvoie tout naturellement aux paroles de Jésus à Nicodème : « Et, comme Moïse éleva le serpent dans le désert, il faut de même que le Fils de l'homme soit élevé, afin que quiconque croit en lui ait la vie éternelle ».

Dieu n'a pas d'autre remède pour cette humanité perdue à cause de sa rébellion et de la morsure du serpent ancien. Dieu ne donnera pas une autre preuve de son amour et de sa volonté de sauver le monde. Encore faut-il "regarder" vers Jésus crucifié et ressuscité, mais du regard de la foi qui saisit le don gratuit de Dieu !

Viens, je te prie, maudis-moi ce peuple, car il est plus puissant que moi (Nombres 22/6)

Telle était la demande de Balak, roi de Moab à Balaam. Après leur victoire sur Sihon, roi des Amoréens et Og, roi de Basan, les enfants d'Israël seront confrontés à des puissances spirituelles. Lorsque Satan ne réussit pas à vaincre par la force, il tente par la séduction et par la ruse. Il se servira pour cela de Balaam, personnage énigmatique, à la fois soumis et rebelle à Dieu ; prêt à maudire le peuple et à le bénir ; prononçant des paroles extraordinaires au sujet du Messie et donnant des conseils abominables aux hommes d'Israël ; on serait tenté de dire : à la fois prophète et devin ! Dieu arrêtera la démence du "prophète" et celui-ci connaîtra une fin tragique : il périra par l'épée des enfants d'Israël lors de la conquête de Canaan. Il faut savoir choisir son camp et son maître : ou bien l'on est pour le Seigneur et pour son peuple, ou contre lui et son Eglise ; on ne peut servir deux maîtres à la fois !
Mais au-delà de l'attitude de Balaam et des manœuvres des puissances des ténèbres pour détruire l'Eglise d'une manière ou d'une autre, Dieu veille sur son peuple et, s'il n'aperçoit point d'iniquité chez les siens, c'est parce qu'il les voit au travers du sang précieux de Jésus !

Dans la quarantième année…Moïse parla aux enfants d'Israël selon tout ce que l'Eternel lui avait ordonné de leur dire (Deutéronome 1/3)

Le séjour du peuple d'Israël au désert touche à sa fin ainsi que le pèlerinage de Moïse. Ce dernier sait qu'il n'entrera pas dans le pays de la promesse. Les enfants d'Israël avaient aigri son esprit et il s'était exprimé légèrement des lèvres lorsqu'il avait frappé le rocher au lieu de lui parler. Il fut puni à cause d'eux. Il y a certainement, au plan prophétique, une "image" qui se dessine par rapport à Jésus-Christ : il mourra à notre place pour nous introduire dans la vie abondante.

Cette parole prononcée par l'apôtre Pierre aux chrétiens de son temps pourrait très bien s'appliquer à Moïse au sujet des enfants d'Israël : « Je regarde comme un devoir, aussi longtemps que je suis dans cette tente, de vous tenir en éveil par des avertissements, car je sais que je la quitterai subitement ». En effet, le livre du Deutéronome consiste avant tout en paroles d'exhortation et d'avertissement, de préparation pour l'entrée en Canaan s'adressant à une nouvelle génération d'Israélites, avec le rappel constant des événements passés. Pour faire face efficacement à l'avenir Dieu nous demande de nous souvenir du passé !

Interroge les temps anciens qui t'on précédé, depuis le jour où Dieu créa l'homme sur la terre (Deutéronome 4/32)

L'Ecriture nous demande de faire appel à nos souvenirs. Souvenons-nous, non seulement des premiers jours de la création, mais des premiers jours de notre conversion, de notre découverte de l'amour de Dieu manifesté en Jésus-Christ notre divin Sauveur ! Dieu nous a choisis, Dieu nous a élus et a pris soin de nous, nous conduisant d'étape en étape, nous entourant de sa grâce et pourvoyant à chacun de nos besoins. Ce que Dieu a fait pour ceux qui nous ont précédés dans la foi, il le fait et le fera pour chacun de nous.

Israël avait été choisi dans un but bien précis : permettre un jour la venue du Messie promis ; c'est pourquoi il n'était pas et ne pouvait pas être un peuple comme les autres. De même, Dieu nous a appelés de nos ténèbres à son admirable lumière afin que nous soyons les témoins de Celui qui est venu chercher et sauver ceux qui sont encore dans les ténèbres. Ne perdons jamais de vue notre vocation.

Les enfants d'Israël devaient se garder d'oublier leur origine, la raison de leur mise à part. Moïse martèlera ce message avant l'entrée en Canaan.

Tu craindras l'Eternel, ton Dieu, tu le serviras... (Deutéronome 6/13). Vous ne tenterez point l'Eternel, votre Dieu... (6/16). L'homme ne vit pas de pain seulement... (8/3)

De même que Moïse prononce ces paroles à la sortie du désert peu de temps avant l'entrée du peuple en Canaan, de même Jésus les adressera au tentateur dans le désert peu de temps avant l'entrée dans son ministère en faveur du peuple.

Jésus, nous le savons, était très attaché à la Parole écrite qu'il a citée à bien des reprises. L'expression « afin que l'Ecriture fut accomplie » revient de nombreuses fois après son enseignement. Moïse transmettait au peuple la Parole de Dieu qu'il avait entendue et il était très attaché à l'observation de cette Parole. Le livre du Deutéronome, non seulement met à l'honneur la Parole de Dieu, mais il nous encourage, comme Jésus l'a fait, à l'utiliser à bon escient. C'est la Parole vivante et permanente de Dieu. Elle est l'épée de l'Esprit. Un marteau qui brise le roc. Une pluie bienfaisante qui rafraîchit notre âme. Une lampe à nos pieds, une lumière sur notre sentier. Un véritable trésor qui enrichit notre vie spirituelle. Un pain qui nourrit notre âme.

« Toute l'Ecriture est inspirée de Dieu, et utile pour enseigner, pour convaincre, pour corriger, pour instruire dans la justice ».

Il s'enfuira dans l'une de ces villes pour sauver sa vie (Deutéronome 19/5)

Il s'agit des « villes de refuge », où pouvait s'enfuir le meurtrier qui avait tué quelqu'un involontairement, sans intention. Trois de ces villes devaient être situées à l'est du Jourdain et trois autres à l'ouest, c'est-à-dire dans le pays même de Canaan. Le vengeur de sang, proche parent de la victime, ne pouvait ainsi faire justice lui-même. Ces villes symbolisent Christ, notre Refuge. A l'image d'Israël, nous avons été les meurtriers involontaires du Messie, car nous avons agi par ignorance, dans l'incrédulité. Mais notre pardon, notre purification, notre salut se trouvent dans ses meurtrissures. Ne pas nous précipiter dans ce Refuge de la grâce, c'est tôt ou tard être rattrapé par la justice divine ; or « c'est une chose terrible de tomber entre les mains du Dieu vivant, car notre Dieu est aussi un feu dévorant ». Quel que soit l'endroit où se trouvait le meurtrier involontaire il pouvait atteindre telle ou telle ville : des routes les reliaient et elles étaient équidistantes. La tradition juive dit qu'il y avait des poteaux indicateurs montrant le chemin à suivre.

Soyons ces poteaux indicateurs et dirigeons les pécheurs perdus vers leur Libérateur !

Si tu obéis à la voix de l'Eternel, ton Dieu…tu seras béni. Si tu n'obéis pas…tu seras maudit (Deutéronome 28/29)

Dans ces chapitres, nous trouvons prophétisée l'histoire du peuple d'Israël au travers des siècles. Tant qu'ils ont suivi les commandements de Dieu, les enfants d'Israël ont été bénis et protégés ; mais leur désobéissance a eu de douloureuses conséquences. Aujourd'hui, dans la Nouvelle Alliance en Jésus-Christ, nous n'obéissons pas à la voix de Dieu en vue de l'obtention d'une bénédiction mais nous le faisons parce que nous avons déjà été bénis en Jésus. Notre obéissance est la conséquence de la nouvelle naissance et de la présence de l'Esprit en nous. Ce n'est pas l'obéissance du soldat envers son supérieur, ni celle de l'esclave vis-à-vis de son maître, mais c'est l'obéissance de la foi d'un enfant de Dieu qui aime son Père céleste qui l'a racheté par le précieux sang de Jésus. Les commandements de Dieu ne sont plus gravés sur le mont Garizim pour les bénédictions, ou sur le mont Ebal pour les malédictions, mais sur les tables de notre cœur par l'Esprit de Dieu, c'est pourquoi « ses commandements ne sont pas pénibles, car tout ce qui est né de Dieu triomphe du monde ; et la victoire qui triomphe du monde, c'est notre foi ».

Moïse était âgé de cent vingt ans lorsqu'il mourut (Deutéronome 34/7)

Après le passage de la mer Rouge, quarante ans plus tôt, Moïse avait composé et chanté avec Israël un cantique de délivrance. Juste avant que les enfants d'Israël n'entrent en Canaan, Moïse compose et chante un chant de reconnaissance, qui fut appelé "le chant du Rocher". Et comme Jacob avant de mourir avait béni ses enfants, avant son départ Moïse va bénir les enfants d'Israël.

Moïse verra le pays mais n'y entrera pas. Quelle frustration ! Mais n'y a-t-il pas ici un merveilleux type de Christ ? Il semble "payer" pour tout le peuple. Par la mort de Christ, le Saint-Esprit nous fait entrer dans une vie de conquêtes et de victoires au plan spirituel. Moïse n'est pas mort de vieillesse, puisque sa vue n'était pas affaiblie, et que sa vigueur n'était point passée, mais parce que c'était le plan de Dieu à son égard et pour le peuple. Il est mort sur le mont Nebo, à l'image de Jésus sur le mont Golgotha. « L'Eternel l'enterra dans la vallée, au pays de Moab » et le ressuscita probablement pour le faire monter dans un meilleur pays — le Ciel — puisque personne n'a retrouvé sa trace et qu'il "réapparaît" au côté d'Elie sur la montagne de la transfiguration !

Prière de Moïse, homme de Dieu *(Psaume 90, extraits)*

« Seigneur ! tu as été pour nous un refuge,
De génération en génération.
Avant que les montagnes soient nées, et que tu aies créé la terre et le monde, d'éternité en éternité tu es Dieu.
Tu fais rentrer les hommes dans la poussière, et tu dis : fils de l'homme, retournez !
Tous nos jours disparaissent par ton courroux ; nous voyons nos années s'évanouir comme un son.
Les jours de nos années s'élèvent à soixante-dix ans, et, pour les plus robustes, à quatre-vingt ans ;
Enseigne-nous à bien compter nos jours, afin que nous appliquions notre cœur à la sagesse.
Rassasie-nous chaque matin de ta bonté, et nous serons toute notre vie dans la joie et l'allégresse.
Réjouis-nous autant de jours que tu nous as humiliés, autant d'années que nous avons vu le malheur.
Que ton œuvre se manifeste à tes serviteurs, et ta gloire sur leurs enfants !
Que la grâce de l'Eternel, notre Dieu, soit sur nous !
Affermis l'ouvrage de nos mains, oui, affermis l'ouvrage de nos mains » !

de l'entrée en Canaan au premier roi...

Fortifie-toi et prends courage, car c'est toi qui mettras ce peuple en possession du pays (Josué 1/6)

Après la mort de Moïse, c'est Josué qui aura la charge de faire entrer les enfants d'Israël dans le pays de la promesse. Celui qui avait été appelé serviteur de Moïse, est maintenant appelé serviteur de l'Eternel ; comme pour mettre en relief les deux aspects de notre vocation : au service des hommes et au service de Dieu. Dieu lui-même l'encourage en lui adressant à plusieurs reprises ces paroles d'exhortation : « Fortifie-toi et prends courage ». Fortifiez-vous dans le Seigneur, disait Paul aux Ephésiens, car nous n'avons pas à lutter (uniquement) contre la chair et le sang...

Josué sera à la hauteur de la tâche, car il était un homme de la Parole, qu'il aimait et respectait ; il était un homme de prière, à l'écoute de Dieu, et il aimait profondément le peuple de Dieu. Mais surtout, « il était rempli de l'Esprit de sagesse, car Moïse avait posé ses mains sur lui. Aussi, les enfants d'Israël lui obéirent, et se conformèrent aux ordres que l'Eternel avait donnés à Moïse ».

Canaan, bibliquement parlant, représente une vie de luttes et de victoires au plan spirituel. C'est au Ciel seulement que nous connaîtrons le parfait repos. Revêtons-nous donc de toutes les armes de Dieu, et combattons le bon combat !

Ils enlevèrent douze pierres du milieu du Jourdain, comme l'Eternel l'avait dit à Josué (Josué 4/8)

Après l'envoi par Josué des deux espions pour examiner le pays et la consigne donnée à Rahab d'attacher un cordon de fil cramoisi à sa fenêtre (témoignage de sa foi dans le Dieu d'Israël), le peuple traverse miraculeusement le Jourdain vis-à-vis de Jéricho. La présence de l'Eternel, symbolisée par l'arche, allait devant eux. Dieu leur ouvre la voie. Avant la conquête du pays proprement dit, comme avant toute victoire spirituelle, trois choses sont indispensables : la mort à soi-même, la circoncision du cœur, et une rencontre avec « l'Ange de l'Eternel ».

Les pierres ôtées du Jourdain et posées sur la rive, comme celles prises de la rive et posées à la place des premières dans le lit du fleuve, nous parlent de la mort à soi-même et d'une marche en nouveauté de vie. Expérience indispensable pour une vie chrétienne victorieuse. Crucifions la chair avec ses passions et ses désirs et laissons l'épée de l'Esprit transpercer nos cœurs d'une circoncision que la main de l'homme ne peut accomplir.
Avant de remporter des victoires "sur le terrain", à l'extérieur, la lutte se situe sur un autre terrain, intérieur celui-là, c'est-à-dire au-dedans de nous !

Je suis le Chef de l'armée de l'Eternel, j'arrive maintenant (Josué 5/14)

Pour bien comprendre la succession de batailles gagnées, de victoires remportées, il faut considérer quelques instants cet événement : la rencontre de Josué avec le Chef de l'armée de l'Eternel. Deux chefs d'armées qui se rencontrent, l'une est terrestre, l'autre est céleste. La lutte ne sera pas seulement contre les Cananéens, les Héthiens, les Amoréens, les Phéréziens, les Héviens et les Jébusiens. Elle sera avant tout spirituelle. En amont de toute victoire, une rencontre personnelle avec le Seigneur s'impose.

Il nous faut prendre le temps pour rencontrer Dieu avant toutes nos activités ; nous ne savons pas ce que peut nous réserver une journée ! peut-être aurons-nous à faire face à une attaque de l'ennemi, à une agression morale, à une tentation particulièrement subtile ! et, sans parler de choses négatives, Dieu n'a-t-il pas prévu de placer sur notre route un homme tombé aux mains des brigands, ou une Samaritaine en recherche, un Zachée chargé dans sa conscience ? Bref, laissons la main du Dieu Très-Haut nous fortifier, et la grâce et la paix de Dieu nous accompagneront tout au long de la journée, nous donnant la capacité pour faire face à tous les besoins.

La muraille de la ville s'écroulera, et le peuple montera, chacun devant soi (Josué 6/5)

Jéricho était fermée et barricadée devant les enfants d'Israël. Une défaite devant Jéricho, et toute la conquête du pays de Canaan aurait pu être remise en question. C'était la place forte, la porte d'entrée dans le pays ! Mais ce qui est impossible aux hommes est possible à Dieu. N'a-t-il pas dit : « Je marcherai devant toi, j'aplanirai les chemins montueux, je romprai les portes d'airain, et je briserai les verrous de fer. Je te donnerai des trésors cachés, des richesses enfouies ». La stratégie employée par Josué et son armée ferait sourire plus d'un chef militaire aujourd'hui ! Mais c'est l'Eternel qui la lui dicta. La folie de Dieu est toujours plus forte que la sagesse de l'homme. Le plan de Dieu, symbolisé par le chiffre sept — sept trompettes, sept tours, sept jours — est toujours parfait.

Dix fois il est fait mention de la présence de l'arche : le "coffre" de bois d'acacia recouvert d'or et porté par les sacrificateurs à la tête du peuple, est une image de notre Seigneur Jésus-Christ dans son oeuvre humaine et divine à la fois.

C'est en son nom que nous renversons nos modernes Jéricho, c'est-à-dire tout ce qui nous empêche d'aller plus en avant dans le pays promis !

Les enfants d'Israël commirent une infidélité au sujet des choses dévouées par interdit (Josué 7/1)

Nos victoires passées ne sont pas la garantie de nos victoires futures. Elles nous encouragent, certes, mais elles ne nous autorisent nullement à baisser la garde et encore moins à nous relâcher dans notre fidélité à l'égard du Seigneur.

Une étrangère au peuple de Dieu, Rahab, vient d'être sauvée par son attitude de foi vis-à-vis du Dieu d'Israël, et, dans le même temps un membre du peuple méprise Dieu par sa convoitise, mettant en péril le camp d'Israël en le conduisant dans la défaite devant Aï. Ne trouvons-nous pas parfois des nouveaux convertis ayant plus de respect pour les choses de Dieu que certains membres de nos églises qui se sont endurcis avec le temps ?

L'action de Dieu n'est pas toujours la même, selon que nous avons affaire à l'ancienne ou à la nouvelle alliance. Il y a des choses qui ne seront mises à découvert qu'au jour de Christ, d'autres le sont dès ici-bas, comme c'est le cas ici : Acan sera dévoilé et un châtiment que certains qualifieront de trop sévère lui sera infligé ; mais il en allait de la survie et du devenir du peuple par lequel devait venir le Sauveur et comme Acan veut dire "serpent" on comprend mieux le pourquoi de l'intervention divine !

Les habitants de Gabaon, de leur côté, eurent recours à la ruse (Josué 9/3)

Les choses ayant été mises en ordre vis-à-vis de Dieu, la ville d'Aï sera conquise. Josué va bâtir un autel et offrir à l'Eternel des holocaustes et des sacrifices d'actions de grâce. Mais l'ennemi se présente parfois avec ruse : les Gabaonites avec leurs pains en miettes et leurs vêtements usés feront croire aux enfants d'Israël qu'ils viennent d'un pays lointain ! Faire alliance avec des personnes étrangères au peuple de Dieu — sans même le consulter — a toujours des conséquences négatives. Le peuple sera entraîné dans des luttes qu'il aurait pu éviter. Il est vrai qu'une grande victoire sera remportée à Gabaon, mais nous y voyons davantage la manifestation de la grâce et de la puissance de l'Eternel que les conséquences de la fidélité des enfants d'Israël ! De même que Josué commandera au soleil de s'arrêter sur Gabaon et à la lune de suspendre sa course sur la vallée d'Ajalon, notre Seigneur Jésus-Christ commandera aux éléments déchaînés de s'arrêter et ramènera le calme sur la mer de Galilée. Les rois eurent beau s'unir pour combattre et détruire Israël, ils furent vaincus et anéantis.

Le Chef de l'armée de l'Eternel a combattu pour son peuple !

Ils les frappèrent du tranchant de l'épée, et ils dévouèrent par interdit tous ceux qui s'y trouvaient (Josué 10/39)

Ce qui est dit ici au sujet de la ville de Débir pourrait l'être pour la plupart des villes conquises en Canaan, et bien des lecteurs s'étonneront de la manière d'agir des enfants d'Israël (sur l'ordre de l'Eternel) ! Que ceux qui seraient tentés de penser ainsi prennent le temps de lire le chapitre dix huit du livre du Lévitique : ce n'est jamais sans raison que Dieu juge les peuples, tout comme les individus. Ceci dit, rappelons-nous que nous ne sommes pas encore dans le temps des jugements, mais dans celui de la grâce. Dieu veut que tous les hommes soient sauvés et parviennent à la connaissance de la vérité. Les Cananéens, au courant de la pénétration des enfants d'Israël pour la conquête du pays, ont eu le temps de se repentir mais ils ne l'ont jamais fait !

Que reste-t-il à celui qui refuse les appels de la grâce ? Une attente terrible du jugement ! C'est pourquoi l'Ecriture dit : « Aujourd'hui, si vous entendez sa voix, n'endurcissez pas vos cœurs ». Il est bien tard, le temps est court mais qu'aucun d'entre nous s'imagine qu'il est trop tard. Jésus a dit : « Je ne mettrai pas dehors celui qui vient à moi ».

Voici ce que les enfants d'Israël reçurent en héritage dans le pays de Canaan (Josué 14/1)

L'accent, dans le livre de Josué, n'est pas seulement mis sur les combats et les oppositions rencontrées, mais le Saint-Esprit s'attarde longuement sur le partage du pays entre toutes les tribus d'Israël, chacune recevant un territoire bien défini en héritage. Il avait été dit : « L'Eternel, ton Dieu, va te faire entrer dans un bon pays, pays de cours d'eau, de sources et de lacs, qui jaillissent dans les vallées et dans les montagnes ; pays de froment, d'orge, de vignes, de figuiers et de grenadiers ; pays d'oliviers et de miel ; pays où tu mangeras du pain en abondance, où tu ne manqueras de rien… ». C'est donc le pays de l'abondance qui n'est pas sans nous rappeler les paroles de Jésus : « Je suis venu afin que les brebis aient la vie, et qu'elles l'aient en abondance ». Transposant la description du pays de la promesse dans le langage du Nouveau Testament cela évoque les fruits et les dons de l'Esprit, la guérison et la Vie…Christ, notre divin Josué, a conquis pour nous ce pays et il nous laisse en héritage : béni soit son Nom !

Il appartenait à chaque tribu de « s'emparer » de son héritage. Il appartient à chaque chrétien d'expérimenter les richesses qui se trouvent en Jésus, son héritage.

Josué était vieux, avancé en âge…il dit à tout le peuple…Choisissez aujourd'hui qui vous voulez servir. Moi et ma maison, nous servirons l'Eternel (Josué 13/1-24/2-24/15)

Josué ne se faisait pas d'illusion, il connaissait trop bien le cœur des enfants d'Israël, mais dans une toute dernière exhortation, il les convie à prendre résolument le chemin du Seigneur. « A tes résolutions répondra le succès », dit l'Ecriture. Mais les bonnes résolutions en elles-mêmes ne suffisent pas ! C'est pourquoi bénissons Dieu pour l'Esprit de son Fils qu'Il a envoyé dans nos cœurs et qui nous permet, après avoir répondu favorablement à son appel, de nous maintenir dans le chemin de la foi et de l'obéissance. C'est lui qui produit en nous le vouloir et le faire, chose que la loi ne procurait pas : elle ordonnait sans donner !

A l'époque de la vieillesse de Josué, il restait encore bien des territoires à conquérir, bien que le plus gros de la conquête avait été assuré. N'y a-t-il pas dans notre cœur des "territoires" non soumis au Chef de l'armée de l'Eternel ? N'y aurait-il pas quelques poches de résistance utilisées par l'ennemi pour nous empêcher de vivre une victoire totale ? C'est tout le pays qui devait être soumis ! Livrons à Jésus notre vie entière.

Toute cette génération fut recueillie auprès de ses pères (Juges 2/10)

« Il s'éleva une autre génération, qui ne connaissait point l'Eternel, ni ce qu'il avait fait en faveur d'Israël. Ils abandonnèrent l'Eternel, et ils servirent Baal et les Astartés ». « Durant quatre cent cinquante ans environ, il leur donna des juges, jusqu'au prophète Samuel ». « Lorsque l'Eternel leur suscitait des juges, l'Eternel était avec le juge, et il les délivrait de la main de leurs ennemis pendant toute la vie du juge ; car l'Eternel avait pitié de leurs gémissements contre ceux qui les opprimaient et les tourmentaient. Mais, à la mort du juge, ils se corrompaient de nouveau plus que leurs pères, en allant après d'autres dieux pour les servir et se prosterner devant eux… ». Le dernier verset du livre des Juges semble bien résumer toute cette période : « En ce temps-là, il n'y avait pas de roi en Israël. Chacun faisait ce qui lui semblait bon ». Ce fut un temps d'obscurité, entrecoupé de quelques rayons de lumière ; les enfants d'Israël revenaient vers Dieu, pour mieux s'en éloigner ensuite ; ressemblance étrange avec l'histoire de l'Eglise au travers des siècles, avec des temps de "réveil" suivis de temps d'apostasie. En quels temps sommes-nous ? Avant la venue du Roi, ne devrions-nous pas « nous réveiller enfin du sommeil » ?

Si tu viens avec moi, j'irai (Juges 4/8)

Sur toute la série des juges — une douzaine environ — l'Epître aux Hébreux n'en a retenu que quatre : Barak, Gédéon, Jephthé, et Samson. Face à l'armée de Sisera et ses neuf cent chars de fer, il fallait bien une direction du Saint-Esprit pour les enfants d'Israël. Elle viendra par la prophétesse Debora qui indiquera à Barak le chemin à suivre et la stratégie à employer — accompagnée de la promesse de l'Eternel : « Voici le jour où l'Eternel livre Sisera entre tes mains ». Et l'Eternel mit en déroute devant Barak, par le tranchant de l'épée, Sisera, tous ses chars et tout le camp. Une autre femme, Jaël, "achèvera" le travail en mettant à mort Sisera lui-même. Quand les chefs sont sans force pour prendre des initiatives, bénissons le Seigneur pour les Débora et les Jaël qui se lèvent parmi le peuple de Dieu. Nous notons cependant qu'elles n'ont pas saisi l'occasion pour s'attribuer un quelconque honneur, mais qu'elles ont choisi volontairement de rester dans l'ombre de Barak. Ainsi en est-il des véritables femmes de Dieu qui savent rester à leur place. Ce que Barak a dit à Débora — « si tu viens avec moi, j'irai, mais si tu ne viens pas avec moi, je n'irai pas » — nous devrions pouvoir toujours le dire au Seigneur et ne jamais entreprendre quelque chose sans nous assurer de sa présence !

Va avec cette force que tu as, et délivre Israël de la main de Madian (Juges 6/14)

Dieu aime choisir « les pauvres aux yeux du monde pour qu'ils soient riches en la foi ; les choses faibles du monde pour confondre les fortes ». Les enfants d'Israël n'ayant pas tiré leçon de la délivrance précédente se sont retrouvés sous l'oppression des Madianites. Dieu prend l'initiative de les secourir. Il trouvera en la personne de Gédéon un nouveau libérateur pour le peuple ; ce libérateur avait besoin d'être libéré lui-même de ses craintes, de ses réticences, de ses doutes. Dieu, dans sa patience et sa bonté, se montrera plein de sollicitude à l'égard de Gédéon : Il sait comment s'y prendre avec chacun ! Du plus craintif il en fait un héros à sa gloire. Madian, Amalek, et tous les fils de l'Orient seront vaincus par Israël. Gédéon fera l'expérience que Dieu n'a pas besoin d'un grand nombre pour assurer la victoire ; un petit nombre d'hommes consacrés ont bien plus de valeur à ses yeux qu'une grande armée de craintifs !

Dieu peut faire, avec le peu de moyens que nous possédons, « infiniment au-delà de ce que nous pouvons imaginer ». Ne regardons pas à nos limitations humaines, regardons au Seigneur et comptons sur l'action du Saint-Esprit qui nous aide dans tous nos combats.

L'Esprit de l'Eternel fut sur Jephthé…il marcha contre les fils d'Ammon (Juges 11/29)

L'histoire se répète à nouveau ! De nouvelles infidélités ont eu pour conséquences de nouveaux malheurs. Trois cents ans après que les enfants d'Israël aient soumis les fils d'Ammon et leur territoire, leurs descendants leur contestent cette victoire. Quelle leçon spirituelle ! L'adversaire de nos âmes s'efforcera toujours de revendiquer dans notre vie les acquis de l'Eternel. Opposons-lui une sainte résistance en nous soumettant au Seigneur. Quel est l'homme qui a commencé l'attaque contre les fils d'Ammon ? Les choix de Dieu ne sont pas les nôtres : Jephthé était fils d'une femme prostituée et contesté par une partie du peuple. L'Eternel se servira néanmoins de lui pour délivrer les enfants d'Israël. Repoussés par les hommes à cause d'un aspect de notre passé, nous n'en demeurons pas moins le choix de Dieu, qui reste souverain de ses dons et de son appel. Réjouissons-nous de pouvoir servir un tel Dieu ! Mais ne nous laissons pas emporter par l'élan de nos cœurs en formant, comme Jephthé l'a fait pour sa fille, des vœux insensés qui viendraient ternir notre témoignage. Souvenons-nous que les victoires remportées au-dedans de nous sont tout aussi importantes que les autres.

La femme enfanta un fils, et lui donna le nom de Samson (Juges 13/24)

Venu au monde par un miracle de Dieu, oint du Saint-Esprit et de force pour une mission de délivrance, il va mourir en remportant la plus belle victoire de sa vie sur les ennemis du peuple de Dieu. Là s'arrête la comparaison entre Samson et notre Seigneur Jésus-Christ : un abîme les sépare à bien des égards !

Ce qui fait la force de l'homme de Dieu, ce ne sont pas ses dons et ses expériences magnifiques : c'est avant tout la sainteté de sa vie, l'état de son propre cœur. Les exploits retentissants de Samson contrastent étrangement avec ses défaites les plus pitoyables. Disqualifié à cause de sa sensualité, il aura malgré tout le réflexe d'implorer l'Eternel juste avant sa mort. C'est l'exemple type d'une vie spirituelle marquée par la présence des dons de l'Esprit et par l'absence du fruit de l'Esprit. Les véritables ennemis de Samson n'ont pas été les Philistins, ni même Dalila, mais ceux de son propre cœur.

Le Saint-Esprit n'a pas laissé dans la bible les "faiblesses" de Samson pour s'y complaire, mais pour nous servir d'avertissement. Que le soleil de Dieu ne se couche pas dans nos vies. La sainteté convient à sa maison.

Ton peuple sera mon peuple, et ton Dieu sera mon Dieu (Ruth 1/16)

Un rayon de soleil dans une sombre période, tel pourrait être le titre donné à ce petit livre, tant il réchauffe le cœur qui est à la recherche d'un exemple d'attachement réel à l'Eternel et à son peuple.

Cette parole de Jésus au sujet du centenier romain pourrait très bien s'appliquer à Ruth : « Même en Israël, je n'ai pas trouvé une aussi grande foi ». Pouvait-elle imaginer un instant les conséquences de son choix : rencontrer l'homme par lequel elle mettra au monde l'un des ancêtres du roi David et faire ainsi partie elle-même de la généalogie de Jésus-Christ ? Nos bons choix nous mènent tôt ou tard à Christ ! Nos mauvais choix nous en éloignent. Orpa a suivi sa voie et assumé les conséquences de sa décision. Ruth a suivi la "voie royale", elle sera bénie et sa postérité le sera aussi.

N'allons pas vers un autre peuple et vers un autre dieu. N'allons pas glaner dans un champ étranger. Restons attachés à notre divin Boaz car "la force est en lui". Il a plus qu'un épha d'orge à nous donner : son héritage est à nous. Nous sommes, comme disait l'apôtre, « héritiers de Dieu, cohéritiers de Christ ». Christ est à Dieu et nous sommes à Christ. Ruth a choisi la bonne part qui ne lui sera pas ôtée !

Anne devint enceinte, et elle enfanta un fils, qu'elle nomma Samuel (1 Samuel 1/20)

Nous allons vivre à présent une période de transition avant la monarchie, avec les deux derniers juges en Israël : Eli et Samuel. L'un représentant le déclin, l'autre le renouveau. La perversité des fils d'Eli a provoqué l'intervention de l'Eternel et des sanctions sévères sur la maison d'Eli. Dieu a prévu l'homme pour cette période transitoire. Il viendra par un miracle, car Anne était stérile. Les mortifications de Pennina, l'insensibilité d'Elkana, l'amertume d'Anne et le manque de discernement d'Eli n'y feront rien : le plan de Dieu s'accomplira, la prière d'Anne sera exaucée ! Cet enfant tant attendu sera « prêté » à l'Eternel pour toute sa vie. Il grandira auprès de l'Eternel dans un contexte peu enviable, mais l'Eternel était avec lui et lui apparaissait dans Silo. La disparition d'Eli et la prise de l'arche de Dieu par les Philistins marqueront le début du ministère de Samuel. Le retour de l'arche sur le territoire d'Israël et la victoire sur les Philistins inaugureront des temps de repos pour le peuple de Dieu. Le ministère de Samuel sera une bénédiction pour les enfants d'Israël. Notre prière est que Dieu suscite de tels hommes pour l'Eglise aujourd'hui !

Samuel prit un pierre, qu'il plaça entre Mitspa et Schen, et il l'appela du nom d'Eben-Ezer (1 Samuel 7/12)

C'est ce que fit Samuel après la victoire sur les Philistins. Cette pierre, nous le savons, signifie "pierre du secours" et nous dirige vers Celui qui nous a secourus en nous délivrant de la main de tous nos ennemis par son œuvre sur la croix : Jésus notre Sauveur et Seigneur. La pierre angulaire sur laquelle s'appuie tout l'édifice spirituel qu'est la maison de Dieu, l'Eglise du Dieu vivant. Le Seigneur ne nous apporte pas seulement "du" secours dans nos moments difficiles, mais il est "le" secours, notre secours ! En lui nous nous confions. De lui nous dépendons. Notre vie est entre ses mains. Depuis qu'il s'est révélé à nous, nous avons appris à nous décharger sur lui de tous nos soucis, à lui confier nos peines, à lui confesser nos faiblesses et nos péchés.

« Jusqu'ici l'Eternel nous a secourus ». Il le fera encore aujourd'hui et demain. A chaque jour suffit sa peine. Ne nous laissons pas paralyser par la peur de l'avenir. « Ni la mort ni la vie, ni les anges ni les dominations, ni les choses présentes ni les choses à venir, ni les puissances, ni la hauteur ni la profondeur, ni aucune autre créature ne pourra nous séparer de l'amour de Dieu manifesté en Jésus-Christ notre Seigneur ».

de Saül à Salomon…

Etablis sur nous un roi pour nous juger, comme il y en a chez toutes les nations (1 Samuel 8/4)

La venue d'un roi était inscrite dans le plan de Dieu, mais le problème se trouvait dans la motivation des cœurs ! « L'Eternel dit à Samuel : Ecoute la voix du peuple dans tout ce qu'il te dira ; car ce n'est pas toi qu'ils rejettent, c'est moi qu'ils rejettent, afin que je ne règne plus sur eux ». Ils demandèrent alors un roi. Et « Dieu leur donna, pendant quarante ans, Saül, fils de Kis, de la tribu de Benjamin ; puis, l'ayant rejeté, il leur suscita pour roi David », rappelait Paul dans la synagogue d'Antioche de Pisidie. Ils ont rejeté leur Roi mais Dieu rejettera le leur ! On peut demander à Dieu de bonnes choses mais au mauvais moment : David demandera à Dieu de construire un Temple mais ce n'était pas le temps, la construction sera confiée à Salomon. On peut aspirer et demander à Dieu les dons de l'Esprit, mais si c'est pour être "vu" et "entendu", c'est demander avec de mauvaises motivations. « Que ce soit pour l'édification de l'Eglise que vous cherchiez à en posséder abondamment » !

Les enfants d'Israël faisaient un mauvais calcul ; ils pensaient être gagnants en demandant un roi ; en réalité ils seront perdants : l'expression « il prendra » se trouve six fois dans l'énumération des droits du roi. Notre Roi aime donner !

Remplis ta corne d'huile, et va ; je t'enverrai chez Isaï…(1 Samuel 16/1)

Le règne de Saül aura été marqué par un bon début, par une certaine humilité même, mais très vite sa nature impatiente, vaniteuse, orgueilleuse, jalouse et vindicative va se manifester en diverses circonstances. Dieu se verra contraint de le "mettre de côté" au profit de David. Sa fin sera tragique. Le drame dans la vie de cet homme, c'est qu'il n'a jamais manifesté le moindre signe de véritable et profonde repentance ; il s'est endurci et Dieu l'a livré à son endurcissement. Fort heureusement Dieu avait un autre roi pour son peuple. Il a trouvé David, fils d'Isaï, un homme selon son cœur. « Samuel prit la corne d'huile, et l'oignit au milieu de ses frères. L'Esprit de l'Eternel saisit David, à partir de ce jour et dans la suite ». Il le prit derrière les brebis qui allaitent, pour lui faire paître Jacob, son peuple, et Israël, son héritage. Peut-être est-ce à cette époque que David a composé ce magnifique Psaume vingt trois : « L'Eternel est mon berger : je ne manquerai de rien…tu oins d'huile ma tête et ma coupe déborde. Oui le bonheur et la grâce m'accompagneront tous les jours de ma vie… ».

Quoi qu'il en soit David avait bien besoin du secours de l'Eternel, car bien des obstacles se dresseront sur le chemin de la royauté.

David courut sur le champ de bataille à la rencontre du Philistin
(1 Samuel 17/48)

Tableau classique dans la galerie des portraits de l'Ancien Testament ! Objet de nombreux cantiques, sujet de nombreuses prédications, cet édifiant passage nous rappelle que les géants qui se placent sur notre route sont vaincus dans le nom de Jésus, comme Goliath le fut par David au nom de l'Eternel. Nous n'avons pas besoin des armes du roi déchu, elles ne nous correspondent pas et ne nous sont d'aucun secours ; nous avons besoin des pierres polies dans le torrent de la prière et de la communion avec Dieu pour mettre à mal les puissances spirituelles. Car, si David n'a eu besoin que d'une seule pierre ce jour-là pour abattre son adversaire, il aura bien besoin des autres par la suite. Ses ennemis ne seront pas toujours de chair et de sang, ils seront aussi spirituels !

Par un étrange retournement de circonstances, David, au soir de sa vie, aura à faire face au propre frère de Goliath, mais l'un des hommes de David le tuera (2 Chroniques 20/5). Veillons, l'ennemi attend toujours un moment favorable pour se manifester.

Avant de remporter la victoire sur le Philistin à la vue de tous, David avait terrassé le lion et l'ours à la vue de l'Eternel seul !
Quelle leçon pour nous tous.

David jouait, et Saül voulut le frapper avec sa lance contre la paroi
(1 Samuel 19/9)

La jalousie de Saül à l'égard de David se transformera en haine et en désir de meurtre.

« Hymne de David, lorsque Saül envoya cerner la maison pour le faire mourir :
Mon Dieu ! Délivre-moi de mes ennemis,
Protège-moi contre mes adversaires !
Délivre-moi des malfaiteurs,
Et sauve-moi des hommes de sang !
Ils reviennent chaque soir,
Ils hurlent comme des chiens,
Ils font le tour de la ville…
Et toi, Eternel, tu te ris d'eux…
Quelque soit leur force, c'est en toi que j'espère,
Car Dieu est ma haute retraite.
Mon Dieu vient au-devant de moi dans sa bonté,

Dieu me fait contempler avec joie
Ceux qui me persécutent.
Qu'ils soient pris dans leur propre orgueil !
Et moi, je chanterai ta force ;
Dès le matin je célébrerai ta bonté.
Car tu es pour moi une haute retraite,
Un refuge au jour de ma détresse ».
(Psaume cinquante-neuf, extraits)

David demeura au désert, dans des lieux forts, et il resta sur la montagne de Ziph. Saül le cherchait toujours (1 Samuel 23/14)

« Cantique de David.

Lorsque les Ziphiens vinrent dire à Saül :
David n'est-il pas caché parmi nous ?

O Dieu ! sauve-moi par ton nom,
Et rends-moi justice par ta puissance !
O Dieu ! écoute ma prière,
Prête l'oreille aux paroles de ma bouche !
Car des étrangers se sont levés contre moi,
Des hommes violents en veulent à ma vie ;
Ils ne portent pas leurs pensées sur Dieu.
Voici, Dieu est mon secours,
Le Seigneur est le soutien de mon âme.
Le mal retombera sur mes adversaires ;
Réduis-les au silence, dans ta fidélité !
Je t'offrirai de bon cœur des sacrifices ;
Je louerai ton nom, ô Eternel ! car il est favorable,
Car il me délivre de toute détresse,
Et mes yeux se réjouissent à la vue de mes ennemis ».
(Psaume cinquante-quatre)

Saül prit trois mille hommes d'élite sur tout Israël, et il alla chercher David et ses gens (1 Samuel 24/3)

« Hymne de David.
Lorsqu'il se réfugia dans la caverne, poursuivi par Saül (vers les lieux forts d'En-Guédi):

Aie pitié de moi, ô Dieu, aie pitié de moi !
Car en toi mon âme cherche un refuge ;
Je cherche un refuge à l'ombre de tes ailes,
Jusqu'à ce que les calamités soient passées.
Je crie au Dieu Très-Haut,
Au Dieu qui agit en ma faveur.
Il m'enverra du ciel le salut,
Tandis que mon persécuteur se répand en outrages ;
Dieu enverra sa bonté et sa fidélité.
Mon âme est parmi les lions ;
Je suis couché au milieu de gens qui
Vomissent la flamme…
…Et dont la langue est un glaive tranchant ;
Elève-toi sur les cieux, ô Dieu !
Que ta gloire soit sur toute la terre !
…Ils avaient creusé une fosse devant moi :
Ils y sont tombés.
…Je te louerai parmi les peuples, Seigneur !
Je te chanterai parmi les nations ».
(Psaume cinquante-sept, extraits

David dit en lui-même : Je périrai un jour par la main de Saül (1 Samuel 27/1)

La crainte est mauvaise conseillère. David va connaître un fléchissement dans la foi et il va se réfugier avec les six cents hommes qui étaient avec lui chez les Philistins de Gath !
C'est à Tsiklag que David et ses gens avaient trouvé refuge. David va se trouver dans une situation particulièrement délicate : entraîné avec les Philistins dans une guerre… contre Israël ! Mais Dieu a eu pitié de lui en permettant qu'il fut "renvoyé" de l'armée des Philistins. Mais, lorsqu'il revint à Tsiklag, les Amalécites avaient brûlé la ville, emporté les biens et les personnes. Que de difficultés rencontrées quand on s'écarte du plan de Dieu ! Mais Dieu, dans sa bonté, a permis à David et aux siens de se retrouver au complet. Il n'eut de perte que les biens matériels.

C'est encore une grâce que Dieu nous fait de "brûler" nos faux refuges : la perte de certains biens, ou de certaines amitiés. Comme un homme de Dieu le disait : « Sans ma perte, Seigneur, j'eusse été perdu ». De telles interventions de Dieu dans nos vies ont pour effet de nous ramener dans son plan initial.

« Le Seigneur châtie celui qu'il aime, et il frappe de la verge tous ceux qu'il reconnaît pour ses fils ».

Les hommes de Juda vinrent, et là (à Hébron) ils oignirent David pour roi sur la maison de Juda (2 Samuel 2/4)

Après la mort de Saül et de ses fils à Guilboa, David composa un cantique funèbre sur Saül et sur Jonathan, qu'il ordonna d'enseigner aux enfants de Juda. David n'a jamais laissé son cœur être gagné par la haine et par un esprit de vengeance vis-à-vis de Saül, contrairement à certains de ses hommes. Il savait que Dieu l'avait choisi pour succéder à Saül. Il ne s'est pas non plus réjoui de la chute de son ennemi. Il a toujours respecté l'oint de l'Eternel, même quand celui-ci a cessé d'être oint ! C'est certainement une leçon à retirer pour chacun d'entre nous. Dans bien des situations "délicates" mieux vaut nous attendre au Seigneur qui fait toutes choses belles en son temps. Voici un extrait des paroles d'un cantique que David adressa à l'Eternel, après que Celui-ci l'eut délivré de la main de tous ses ennemis et de la main de Saül : « Je t'aime, ô Eternel, ma force ! Il m'a mis au large, Il m'a sauvé, parce qu'il m'aime. L'Eternel m'a traité selon ma droiture, Il m'a rendu selon la pureté de mes mains. Il accorde de grandes délivrances à son oint, à David, et à sa postérité, pour toujours ». Puissions-nous suivre son exemple et nous attendre au Seigneur lorsqu'on nous fait tort injustement !

A Hébron (David) régna sur Juda sept ans et six mois, et à Jérusalem il régna trente-trois ans sur tout Israël et Juda (2 Samuel 5/4)

« La guerre dura longtemps entre la maison de Saül et la maison de David. David devenait de plus en plus fort, et la maison de Saül allait en s'affaiblissant ». Finalement les enfants d'Israël se sont réunifiés autour de David avec les principaux chefs, les sacrificateurs, les Lévites, et tous les hommes du peuple prêts à combattre (1 Chroniques 12).

« Une maison divisée contre elle-même ne peut subsister ». Il ne peut y avoir deux "têtes", mais un seul chef. L'unité ne peut être réalisée sur des critères purement humains, mais sur la vérité qui est en Jésus, sur la base commune des Ecritures et par l'action souveraine du Saint-Esprit. Réunis autour de David, le peuple était maintenant prêt à combattre. Unis en Jésus le « Fils de David », l'Eglise fidèle pourra soutenir les guerres de l'Eternel et remporter au plan local, national, et dans le monde entier de nombreuses victoires. Il ne s'agit pas d'une unité de façade mais de cœur. Il ne s'agit pas de rechercher ses propres intérêts, mais ceux de Jésus-Christ. Il y a toujours chez l'autre la qualité qui nous manque. « Au point où nous en sommes parvenus, marchons d'un même pas » !

David consulta Dieu, en disant : monterais-je contre les Philistins…
(1 Chroniques 14/10)

Sitôt après la confirmation de la royauté, David doit faire face à une attaque des Philistins. L'onction nous permet de remporter la victoire sur nos ennemis, mais ne nous dispense pas de dépendre de Dieu : David a consulté Dieu avant d'aller se battre. Et comme l'ennemi ne prend pas son parti d'une défaite, il revient à la charge. A situation comparable, Dieu ne nous demandera pas forcément d'agir selon les expériences du passé : David consulte à nouveau le Seigneur pour lui demander son conseil. Peut-être la douloureuse expérience de Moïse face au rocher lui est-elle revenue en mémoire ! Il est bon d'être attentif à la voix de Dieu. Il fallait vraiment l'être pour entendre un bruit de pas dans les cimes des mûriers ! Dieu ne se manifeste pas toujours d'une manière "éclatante". Prêtons l'oreille à cette "petite voix" intérieure, quand l'Esprit parle à notre cœur.

N'allons pas au-devant de difficultés, en prenant des initiatives personnelles en s'imaginant que nos victoires passées sont suffisantes pour gérer le présent. Continuons à dépendre du Seigneur sans nous appuyer sur notre sagesse.

« Béni soit l'homme qui se confie dans l'Eternel, et dont l'Eternel est l'espérance » !

Uzza étendit la main vers l'arche de Dieu et la saisit, parce que les bœufs la faisaient pencher (2 Samuel 6/2)

L'initiative de David d'amener l'arche à Jérusalem était bonne en soi. Les moyens employés l'étaient moins : il n'a jamais été dans l'intention de Dieu que l'arche soit transportée sur un char tiré par des bœufs, mais par les Lévites sur leurs épaules. Vouloir servir le Seigneur avec des moyens qu'il ne peut approuver, c'est en quelque sorte "toucher" aux choses divines, ce qui ne peut qu'entraîner la désapprobation de Dieu.

Ne restons jamais sur un échec. Trois mois plus tard, David, qui avait eu le temps de méditer sur son erreur en consultant la Parole, fit monter l'arche de l'Eternel à Jérusalem de la bonne manière et avec des cris de joie et au son des trompettes.

Ce qui faisait la valeur du Tabernacle c'était l'arche dans le lieu très saint, symbole de la présence de Dieu. Ce qui fait la valeur de nos réunions, c'est la présence du Seigneur par son Esprit (l'arche et la nuée).

« Lève-toi, Eternel, viens à ton lieu de repos, toi et l'arche de ta majesté ! Que tes sacrificateurs soient revêtus de justice, et que tes fidèles poussent des cris de joie » !
(extrait du Psaume 132)

Comme il se promenait sur le toit de la maison royale, il aperçut de là une femme qui se baignait (2 Samuel 11/2)

David, tout roi qu'il était, reste avant tout un homme faillible. Il est des endroits où il vaut mieux ne pas se trouver. Pourquoi n'est-il pas parti en campagne avec l'armée d'Israël pour détruire les fils d'Ammon ? Lui qui a remporté de nombreuses batailles va perdre une bataille intérieure, celle de son cœur, celle de ses sens. Son péché avec Bath-Schéba et le meurtre d'Urie resteront comme une marque indélébile sur sa vie toute entière avec les conséquences que l'on sait au plan familial et au sein même du royaume.

« Ce que David avait fait déplut à l'Eternel ». Et il a fallu l'intervention du prophète Nathan pour le confondre. Si Dieu pardonne, il laisse néanmoins subsister les conséquences de nos fautes pour que nous apprenions la justice.

Ce que David a éprouvé durant toute cette période nous est rapporté dans le livre des Psaumes :
« Tant que je me suis tu, mes os se consumaient, je gémissais toute la journée ; car nuit et jour ta main s'appesantissait sur moi, ma vigueur n'était plus que sécheresse, comme celle de l'été ».
(extrait du Psaume 32)

Au chef des chantres. Psaume de David. Lorsque Nathan, le prophète, vint à lui, après que David fut allé vers Bath-Schéba. *(Psaume 51, extraits)*

« O Dieu ! aie pitié de moi dans ta bonté ;
Selon ta grande miséricorde, efface mes transgressions ;
Lave-moi complètement de mon iniquité,
Et purifie-moi de mon péché…
Purifie-moi avec l'hysope, et je serai pur ;
Lave-moi, et je serai plus blanc que la neige…
Détourne ton regard de mes péchés,
Efface toutes mes iniquités.
O Dieu créé en moi un cœur pur,

Renouvelle en moi un esprit bien disposé.
Ne me rejette pas loin de ta face,
Ne me retire pas ton Esprit saint.
Rends-moi la joie de ton salut,
Et qu'un esprit de bonne volonté me soutienne !
O Dieu, Dieu de mon salut !
Délivre-moi du sang versé,
Et ma langue célébrera ta miséricorde…
Si tu avais voulu des sacrifices, je
T'en aurais offert ;
Mais tu ne prends point plaisir aux holocaustes.
Les sacrifices qui sont agréables à Dieu, c'est un esprit brisé ».

Au chef des chantres

Psaumes de David…

Il y a toujours un Psaume correspondant à nos états d'âmes ! De tous temps les croyants ont trouvé dans ces pages soutient, réconfort, consolation, aide pour la prière, la louange…Paul avait raison de dire : « Entretenez-vous par des Psaumes, par des hymnes, et par des cantiques spirituels » !

Mais outre cette source d'édification pour le croyant les Psaumes annoncent la venue et l'oeuvre de Jésus ; ils sont appelés "Psaumes messianiques" dont voici quelques extraits des principaux :

L'incarnation de Jésus : « Tu ne demandes ni holocauste ni victime expiatoire.
Alors je dis : Voici, je viens avec le rouleau du livre écrit pour moi.
Je veux faire ta volonté, mon Dieu » ! (Psaume 40/7-9)

La crucifixion de Jésus : « Mon Dieu ! mon Dieu ! pourquoi m'as-tu abandonné, et t'éloignes-tu sans me secourir, sans écouter mes plaintes ?
Je suis comme de l'eau qui s'écoule, et tous mes os se séparent.
Ma langue s'attache à mon palais.
Ils ont percé mes mains et mes pieds. Je pourrais compter tous mes os.
Ils se partagent mes vêtements, ils tirent au sort ma tunique » (Psaume 22/2-15 à 19).

La résurrection de Jésus : « Mon cœur est dans la joie, mon esprit dans l'allégresse, et mon corps repose en sécurité.
Car tu ne livreras pas mon âme au séjour des morts, tu ne permettras pas que ton bien-aimé voie la corruption.

Tu me feras connaître le sentier de la vie ; il y a d'abondantes joies devant ta face, des délices éternelles à ta droite » (Psaume 16/9-11).

L'ascension de Jésus et son ministère céleste : « Portes, élevez vos linteaux ; élevez-vous, portes éternelles ! Que le roi de gloire fasse son entrée » (Psaume 24/7).
« Parole de l'Eternel à mon Seigneur : Assieds-toi à ma droite, jusqu'à ce que je fasse de tes ennemis ton marchepied…L'Eternel l'a juré, et il ne s'en repentira point : Tu es sacrificateur pour toujours, à la manière de Melchisédek » (Psaume 110/1-4).

Absalom se procura un char et des chevaux, et cinquante hommes qui couraient devant lui (2 Samuel 15/1)

De toutes les tribulations que David a rencontrées la plus douloureuse a probablement été celle causée par la révolte de son fils Absalom qui a su habilement détourner le peuple en sa faveur. Le roi a dû s'enfuir de Jérusalem en laissant derrière lui le palais, le trône, la gloire…

Il est étrange de constater que tout avait été fait, par Saül interposé, pour qu'il n'accède pas au trône ; et une fois intronisé, tout sera fait pour qu'il ne s'y maintienne pas ! N'y a-t-il pas ici une leçon spirituelle ? L'ennemi déploiera tous ses efforts pour que le Fils de David, notre Seigneur Jésus-Christ, ne vienne pas régner en nous ; et son œuvre ayant échoué, ne s'efforcera-t-il pas de le chasser du trône de notre cœur, se servant de nos fautes pour arriver à ses fins ? Mais Dieu, dans sa bonté et dans sa grâce, a su garder, protéger, relever, rétablir et ramener David qui est resté, envers et contre tout, un homme selon le cœur de Dieu.

Absalom trouvera la mort dans la forêt d'Ephraïm et tous ceux qui l'avaient suivi et s'étaient révoltés avec lui furent battus par les serviteurs restés fidèles à David. Ainsi David retrouva son trône, son palais et son peuple.

Psaume de David. A l'occasion de sa fuite devant Absalom, son fils *(Psaume 3)*

« O Eternel, que mes ennemis sont nombreux !
Quelle multitude se lève contre moi !
Combien disent à mon sujet :
Plus de salut pour lui auprès de Dieu !
Mais toi, ô Eternel ! tu es mon bouclier,
Tu es ma gloire, et tu relèves ma tête.
De ma voix je crie à l'Eternel,
Et il me répond de sa montagne sainte.
Je me couche, et je m'endors ;

Je me réveille, car l'Eternel est mon soutien.
Je ne crains pas les milliers de personnes
Qui m'assiègent de toutes parts.
Lève-toi, Eternel ! sauve-moi, mon Dieu !
Car tu frappes à la joue tous mes ennemis,
Tu brises les dents des méchants.
Le salut est auprès de l'Eternel :
Que ta bénédiction soit sur ton peuple ».
En toutes circonstances souvenons-nous de ceci :
« Dieu est pour nous un refuge et un appui,
un secours qui ne manque jamais dans la détresse. C'est pourquoi nous sommes sans crainte quand la terre est bouleversée ».
(extrait du Psaume 46)

David mourut dans une heureuse vieillesse, rassasié de jours, de richesse et de gloire. Et Salomon, son fils, régna à sa place (1 Chroniques 29/28)

David organisera le royaume par rapport aux fonctions des Lévites, des sacrificateurs, des musiciens et des chantres, mais aussi des portiers et des intendants, des magistrats, des chefs de l'armée et des chefs des douze tribus d'Israël…Il donna surtout des instructions à Salomon, son fils, pour la construction du Temple pour laquelle il donna une quantité considérable d'or et d'argent.

Il a servi en son temps au dessein de Dieu conscient qu'il n'était, lui aussi, qu'un maillon dans la chaîne de la rédemption qui menait à Christ. Puissions-nous, comme David, réorganiser dans notre vie ce qui doit l'être, et préparer pour nos descendants les matériaux spirituels dont ils auront besoin pour servir le Dieu vivant et vrai ; que les fils prennent la place des pères !

Voici un extrait des dernières paroles de David :
« Celui qui règne dans la crainte de Dieu est pareil à la lumière du matin, quand le soleil brille et que la matinée est sans nuages ; ses rayons après la pluie font sortir de terre la verdure…Ne fera-t-il pas germer tout mon salut et tous mes désirs » ?

Salomon commença à bâtir la maison de l'Eternel à Jérusalem
(2 Chroniques 3/1)

Dès le début de son règne, Salomon se montre un homme sage et compétent, demandant à Dieu qui lui apparaît à Gabaon, les qualifications nécessaires pour diriger les enfants d'Israël. Il connaîtra, contrairement à son père David un règne de paix, qui se manifestera par la réalisation de grands travaux, dont le plus important sera bien entendu le Temple de Jérusalem.

« Ce fut la quatre cent quatre-vingtième année après la sortie des enfants d'Israël du pays d'Egypte que Salomon bâtit la maison de l'Eternel, la quatrième année de son règne ». Tout a été consciencieusement fait d'après le plan que David avait reçu de la part de Dieu. Les travaux ont duré sept années mobilisant un nombre considérable d'ouvriers. Ce Temple remplacera le Tabernacle qui avait été dressé sur le haut lieu à Gabaon, car c'est là qu'on offrait des sacrifices ; l'arche avait été déjà transportée par David à Jérusalem et placée dans une tente provisoire.

C'est sur la montagne de Morija que le Temple sera bâti, à l'endroit où Abraham avait "offert" Isaac et là où Jésus sera crucifié. Des milliers de sacrifices seront offerts sur l'autel des holocaustes, mais seul le sacrifice du Calvaire sera agréé de Dieu !

Lorsque Salomon eut achevé de prier, le feu descendit du ciel (2 Chroniques 7/1)

A la Dédicace du Temple, Salomon adressera à Dieu une longue prière sous forme prophétique dans laquelle il demande que la prière adressée à Dieu dans sa Maison ou en direction de sa Maison soit entendue et exaucée. Ce lieu deviendra en quelque sorte le foyer de la vie spirituelle du peuple d'Israël. Non seulement le feu descendit du ciel et consuma les holocaustes et les différents sacrifices, mais encore la gloire de l'Eternel remplit le Temple !

Dieu exaucera la prière de Salomon et il le lui fera savoir lors d'une seconde apparition, ajoutant cette promesse : « Si mon peuple sur qui est invoqué mon nom s'humilie, prie, et cherche ma face, et s'il se détourne de ses mauvaises voies, je l'exaucerai des cieux, je lui pardonnerai son péché, et je guérirai son pays ». Dans la nouvelle alliance, le lieu où nous prions a peu d'importance : Dieu n'est pas lié à un endroit particulier ! Nos prières sont adressées à Dieu le Père par Jésus-Christ notre Seigneur. Le feu de l'Esprit veut consumer ce qui doit l'être sur l'autel de nos cœurs pour que nos vies soient remplies de la céleste nuée, car tous les croyants nés de nouveau sont des temples consacrés au Seigneur. Dieu n'habite plus dans des temples faits de main d'homme !

La reine de Séba apprit la renommée que possédait Salomon (1 Rois 10/1)

Aux gens religieux, critiques et endurcis, Jésus dira : « La reine du Midi se lèvera, au jour du jugement, avec cette génération et la condamnera, parce qu'elle vint des extrémités de la terre pour entendre la sagesse de Salomon ». Elle est venue d'un pays lointain vers Salomon, alors que les religieux ne sont pas venus vers Jésus — sauf pour le critiquer ; il était pourtant si proche ! Elle est venue le cœur chargé de questions, elle repartira avec les réponses. Elle est venue avec des présents, elle repartira avec des trésors. Elle est venue avec une certaine vision de Salomon, de son palais, de ses serviteurs....elle s'en ira avec une vision rectifiée : « On ne m'en a pas dit la moitié », s'écriera-t-elle. Son oreille avait entendu parler du roi, maintenant son œil l'a vu.

La comparaison avec l'âme qui rencontre Jésus coule de source : nous avions entendu parler (parfois bien imparfaitement) de Lui, mais nous l'avons contemplé — que sera-ce là-haut ! Peut-être pensions-nous devoir lui offrir quelque chose : Il nous a tout donné ! Il a répondu à toutes nos questions existentielles. Il est la réponse à tous nos "pourquoi" !

Point besoin de faire une longue route pour le rencontrer : « Il n'est pas loin de chacun de nous » !

A l'époque de la vieillesse de Salomon, ses femmes inclinèrent son cœur vers d'autres dieux (1 Rois 11/4)

« Il eut sept cent princesses pour femmes et trois cent concubines » ! Pour satisfaire tout ce harem, Salomon introduisit dans Jérusalem les cultes les plus abominables ; ce qui précipitera le déclin du royaume et même sa division. « L'Eternel fut irrité contre Salomon, parce qu'il avait détourné son cœur de l'Eternel, le Dieu d'Israël, qui lui était apparu deux fois ».

Quelle que soit la position à laquelle nous sommes parvenus, le succès ne nous autorise pas à nous livrer à toutes sortes d'excès ! Nos dons et nos talents ne nous sont d'aucun secours si nous ne veillons et prions. Salomon était une encyclopédie vivante : « Il a parlé sur les arbres, depuis le cèdre du Liban jusqu'à l'hysope qui sort de la muraille ; il a aussi parlé sur les animaux, sur les oiseaux, sur les reptiles et sur les poissons ». La connaissance enfle, la charité édifie. A quoi bon prier, disait un richissime paroissien à son pasteur, je n'ai besoin de rien. J'ai la santé, la fortune, le bonheur, je suis entouré d'amis. Je n'ai rien à demander à Dieu. Si, lui dit son hôte, au moins deux choses. Lesquelles ? La reconnaissance et la modestie !

Proverbes de Salomon, fils de David, roi d'Israël (Proverbes 1/1)

Quel est le croyant qui n'a pas été enrichi au plan spirituel à la lecture du livre des Proverbes, par la pertinence des sentences, par la perspicacité des arguments, par les conseils de sagesse, par la multiplicité des sujets abordés, par le bon sens et la clairvoyance qui en découlent ! Il serait peut-être lapidaire de dire à Salomon : « Toi qui enseigne les autres, tu ne t'enseignes pas toi-même » ! ou de reprendre cette parole prononcée par Jésus : « Médecin guéris-toi toi-même » ! Et pourtant le contraste entre ses écrits et son comportement durant une période de sa vie est frappant. « La sagesse de Salomon surpassait la sagesse de tous les fils de l'Orient et toute la sagesse des Egyptiens ».

Il était plus sage qu'aucun homme. Mais la sagesse et la folie se rencontrent parfois…dans la même personne. En Christ seul nous avons tous les trésors de la sagesse et de la connaissance, mais aussi les trésors de la bonté, de la sainteté. Il a été fait pour nous sagesse : « l'Eternel m'a acquise au commencement de ses voies, avant ses œuvres les plus anciennes. J'ai été établie depuis l'éternité, dès le commencement, avant l'origine de la terre. Lorsqu'il disposa les cieux, j'étais là… j'étais à l'œuvre auprès de lui ».

Vanité des vanités, dit l'Ecclésiaste, vanité des vanités, tout est vanité (Ecclésiaste 1/2)

Voilà à quelle conclusion en est arrivé un homme qui a goûté à tous les plaisirs que le monde peut offrir ! Salomon en avait les moyens, le temps. Le pessimisme marque son livre et tout n'est pas à prendre au pied de la lettre. Nous pensons et espérons qu'à la fin de sa vie il se soit ressaisi. « Mieux vaut la fin d'une chose que son commencement ». Alors écoutons la fin du discours : « Crains Dieu et observe ses commandements. C'est là ce que doit faire tout homme. Car Dieu amènera tout homme en jugement, au sujet de tout ce qui est caché, soit bien, soit mal ». La création, disait l'apôtre Paul, a été soumise à la vanité. Jean, de son côté, s'exprimait ainsi : « N'aimez pas le monde, ni les choses qui sont dans le monde. Si quelqu'un aime le monde, l'amour du Père n'est point en lui ; car tout ce qui est dans le monde, la convoitise de la chair, la convoitise des yeux, et l'orgueil de la vie, ne vient point du Père, mais vient du monde. Et le monde passe, et sa convoitise aussi ; mais celui qui fait la volonté de Dieu demeure éternellement ». La conclusion vient de la plume même de Salomon : « Si l'Eternel ne bâtit la maison, ceux qui la bâtissent travaillent en vain » (Psaume 127/1).

Cantique des cantiques, de Salomon (Cantique 1/1)

Salomon a composé mille et cinq cantiques, mais c'est ici le plus beau des chants : le Cantique des cantiques ! Résumer ce beau livre en si peu de lignes n'est pas chose facile. Les interprétations les plus diverses ont été proposées…et parfois imposées ! Les relations entre la bien-aimée et le bien-aimé sont à l'image de celle de Salomon avec son Dieu, si je puis me permettre la comparaison, c'est à dire sujettes à bien des variations. Quoi qu'il en soit, il y a un besoin dans le coeur de tout être humain et du chrétien en particulier : celui d'aimer et d'être aimé. « Nous l'aimons, car il nous a aimés le premier ». Que notre amour pour le conjoint que Dieu nous a donné soit sans partage, mais que notre amour pour Christ, le don de Dieu, soit inaltérable ! Et si la tiédeur avait envahi notre cœur, comme à Laodicée, souvenons-nous que Jésus se tient à la porte et qu'il nous dit :
« Ouvre-moi, ma sœur, mon amie,
Ma colombe, ma parfaite !
Car ma tête est ouverte de rosée,
Mes boucles sont pleines des gouttes de la nuit ».
« Si quelqu'un entend ma voix et ouvre la porte, j'entrerai chez lui, je souperai avec lui, et lui avec moi ».

du schisme à la déportation du royaume du nord en Assyrie…

C'est ainsi qu'Israël s'est détaché de la maison de David jusqu'à ce jour (2 Chroniques 10/19)

Après la mort de Salomon (930 av JC) le royaume s'est divisé en deux. Jéroboam, serviteur de Salomon régnera sur les dix tribus d'Israël au nord avec Samarie comme capitale, et Roboam, fils de Salomon sur les deux tribus de Juda et de Benjamin au sud, avec Jérusalem comme capitale. Cela fut dirigé par Dieu. Désormais les regards seront essentiellement tournés vers le royaume de Juda et ses rois successifs (de Roboam à Sédécias) qui seront plus ou moins fidèles à l'Eternel, tandis que la plupart des rois du royaume d'Israël (de Jéroboam à Osée) seront infidèles au Dieu d'Israël. Le vrai culte continuera d'être célébré au Temple de Jérusalem, avec plus ou moins de rigueur, tandis que la corruption caractérisera le royaume du nord à cause des faux cultes et de l'idolâtrie.

Cela durera environ deux siècles pour Israël, car en 722 av JC le roi d'Assyrie emmena le peuple d'Israël captif dans son pays parce qu'il n'avait point écouté la voix de l'Eternel, leur Dieu. Un peu moins d'un siècle et demi plus tard les Judéens, pour les mêmes raisons, seront déportés par le roi de Babylone. C'est durant toute cette période que Dieu suscitera des prophètes qui auront la lourde tâche d' avertir le peuple de la part de l'Eternel.

Elie, le Thischbite, l'un des habitants de Galaad, dit à Achab… (1 Rois 17/1)

Elie, puis Elisée viennent en tête de la série des prophètes envoyés par Dieu. Ils n'ont pas laissés de livre. Joël, Jonas, Amos, Osée, ont prophétisé avant la chute du royaume du nord — Esaïe et Michée avant et après. Puis viennent Sophonie, Nahum, Habakuk — Jérémie et probablement Abdias (avant et après la chute du royaume du sud). Daniel à la cour de Nebucadnetsar et Ezéchiel auprès des captifs seront les prophètes de l'exil. Enfin, Aggée, Zacharie et Malachie seront les derniers prophètes après le retour de la captivité. Elie (au temps d'Achab et d'Achazia, rois d'Israël et de Josaphat, roi de Juda) était « un homme de la même nature que nous : il pria avec instance pour qu'il ne pleuve point, et il ne tomba point de pluie sur la terre pendant trois ans et six mois. Puis il pria de nouveau, et le ciel donna de la pluie, et la terre produisit son fruit ». Grâce à sa victoire au Carmel sur les faux prophètes Elie va ramener, du moins pour un temps, le cœur du peuple vers Dieu. Mais, face aux menaces de Jézabel, il connaîtra un temps de dépression et de découragement qui le fera soupirer après la mort ! Dieu lui accordera un plus noble destin : il sera enlevé au ciel pour être en la présence de celui qu'il a servi fidèlement !

Un homme tira de son arc au hasard, et frappa le roi d'Israël au défaut de la cuirasse (2 Chroniques 18/33)

Josaphat, qui s'était allié par mariage avec Achab se laissa entraîner dans une bataille avec ce dernier contre les Syriens : il a failli y laisser la vie ! Entouré par les chefs des chars ennemis il poussa un cri, et l'Eternel le secourut, et Dieu les écarta de lui. Par contre, Achab, qui s'était déguisé pour aller au combat, va succomber sous les coups de l'ennemi. Etait-ce vraiment le fait du hasard ? N'est-il pas écrit : « Quelle part a le fidèle avec l'infidèle ? Quel rapport y a-t-il entre le temple de Dieu et les idoles ? ». Combien il est important de bien choisir ceux avec lesquels nous travaillons dans l'œuvre de Dieu ! Ont-ils l'approbation de Dieu ? Agissent-ils selon l'enseignement des Saintes Ecritures ? Notre combat est spirituel, mettons tous les atouts de notre côté en choisissant selon les critères bibliques sans nous laisser entraîner par des considérations sentimentales.

Si nous sommes infidèles, Dieu demeure fidèle. Josaphat a eu le réflexe de crier à Dieu, et Dieu l'a secouru ! Il en est de même quand au sein de nos épreuves dues à notre infidélité nous faisons appel à la grâce de Dieu. Mais ne nous exposons pas pour autant aux traits enflammés du malin !

Nous ne savons que faire, mais nos yeux sont sur toi (2 Chroniques 20/12)

Josaphat a sans nul doute tiré leçon de ses faux-pas : il resta à Jérusalem ; puis alla exhorter le peuple à revenir à l'Eternel. « Après cela, les fils de Moab et les fils d'Ammon, et avec eux des Maonites, marchèrent contre Jérusalem pour lui faire la guerre. Josaphat se disposa à chercher l'Eternel et publia un jeûne pour tout Juda ». C'est dans ce contexte qu'il prononça cette prière à l'Eternel : « Nous ne savons que faire, mais nos yeux sont sur toi ». Par l'intermédiaire de Jachaziel Dieu dit : « Ne craignez point et ne vous effrayez point devant cette multitude nombreuse, car ce ne sera pas vous qui combattrez, ce sera Dieu ». Le lendemain, après qu'ils se soient mis en route pour une confrontation avec l'ennemi, ils se sont mis à chanter les louanges du Seigneur et au moment où l'on commençait les chants et les louanges, l'Eternel plaça une embuscade contre leurs ennemis qui furent battus ! Le peuple de Dieu s'empara de toutes les richesses ; le butin fut considérable.

La victoire n'a pas été la conséquence de la louange ! C'est après avoir recherché Dieu, après avoir jeûné et prié, et après avoir reçu une promesse du Seigneur qu'ils se sont mis à louer l'Eternel !

Elie partit de là, et il trouva Elisée, fils de Schaphath, qui labourait (1 Rois 19/19)

Elisée versait de l'eau sur les mains d'Elie : il succède à son maître ! « Celui qui est fidèle dans les plus petites choses l'est aussi dans les grandes ». Elisée (au temps de Joram, Jéhu, Joachaz, Joas, rois d'Israël et de Josaphat, Joram, Achazia, Athalie, Joas, Amatsia, rois de Juda) accomplira d'ailleurs plus de choses que son maître : n'a-t-il pas reçu une double portion de l'Esprit ? D'un caractère plus doux qu'Elie, il n'en sera pas moins efficace. Dieu a donné à chacun une personnalité et des dons différents. Il connaîtra une fin différente de celle d'Elie : Elisée sera atteint d'une maladie dont il mourut. On l'enterra. « L'année suivante, des troupes de Moabites pénétrèrent dans le pays. Et comme on enterrait un homme, voici, on aperçut une de ces troupes, et l'on jeta l'homme dans le sépulcre d'Elisée. L'homme alla toucher les os d'Elisée, et il reprit vie et se leva sur ses pieds ». Malgré tous les signes que Dieu lui donna d'opérer pendant sa vie, les enfants d'Israël restèrent endurcis ! Parlant d'Elisée, Jésus dira ceci : « Il y avait plusieurs lépreux en Israël du temps d'Elisée, le prophète ; et cependant aucun d'eux ne fut purifié, si ce n'est Naaman le Syrien ».

Joas fit ce qui est droit aux yeux de l'Eternel pendant toute la vie du sacrificateur Jehojada (2 Chroniques 24/2)

Joas avait bénéficié de la protection de Jehojada, alors qu'Athalie faisait périr toute la race royale de la maison de Juda. Il est resté caché pendant six ans dans la maison de Dieu. Athalie ayant été mise à mort, Joas devint roi du royaume de Juda (à ne pas confondre avec Joas, le roi d'Israël qui portera le même nom). Il déploya un zèle exemplaire pour réparer le Temple et rétablir le culte de l'Eternel. Mais « après la mort de Jehojada, les chefs de Juda vinrent se prosterner devant le roi. Alors le roi les écouta ; ils abandonnèrent la Maison de l'Eternel et servirent les Astartés et les idoles ». Zacharie, fils du sacrificateur Jehojada s'efforça de les faire revenir dans la bonne voie mais il fut mis à mort dans le parvis de la Maison de l'Eternel.

Joas sera vaincu par les Syriens et ses serviteurs conspirèrent contre lui et le tuèrent.
Tout a changé à la disparition de Jehojada ! Le zèle, l'amour de la Maison de Dieu, la fidélité de Joas n'étaient qu'apparence ; l'extérieur était beau, l'intérieur ne correspondait pas. La maison était bâtie sur le sable. L'épreuve met en lumière ce qu'est l'œuvre de chacun !

Elisée mit les mains sur les mains du roi, et il dit : Ouvre la fenêtre à l'orient (2 Rois 13/16)

Jéhu, roi d'Israël qui avait été oint par Elisée, avait en son temps exterminé les prophètes de Baal et la maison d'Achab, mais son zèle avait été davantage charnel que spirituel puisqu'il s'était ensuite livré lui-même à l'idolâtrie ! Joachaz, son successeur, comme la plupart des rois d'Israël suivra la voie de Jéroboam qui avait fait pécher Israël.

Quand à Joas, le successeur de Joachaz, il sera exhorté par Elisée à exterminer les ennemis de l'extérieur, en l'occurrence les Syriens. Il nous appartient, comme lui, de bander notre arc ; de laisser les mains de Jésus se poser sur nos mains, car nous sommes trop faibles pour tendre suffisamment la corde, et tirer ainsi une flèche de délivrance de la part de l'Eternel ! David disait : « Il exerce mes mains au combat, et mes bras tendent l'arc d'airain ». Il nous faut viser dans la bonne direction et atteindre le but, comme Jésus au désert avec une Parole de Dieu à propos contre l'ennemi. Il nous faut "faire mouche" et donner la parole qui convient au moment favorable, comme Jésus l'a fait pour la Samaritaine au puits de Jacob. Que le Saint-Esprit nous accorde de telles flèches dans notre carquois afin que les âmes de nos contemporains soient délivrées de l'ennemi.

Après cela, je répandrai mon Esprit sur toute chair ; vos fils et vos filles prophétiseront…(Joël 2/28)

Les commentateurs bibliques hésitent quant à l'époque du prophète Joël. Ce qu'il nous faut retenir, c'est la portée de son message ! Le peuple de Dieu avait subi de graves dommages comparés à une invasion de sauterelles qui avaient tout ravagé sur leur passage, ne laissant que la désolation. Mais Dieu promet de répandre son Esprit, de reconstruire, de redonner vie au pays. C'est ce que Dieu fera aux temps de la fin lorsqu' Israël reconnaîtra son Messie. La prophétie s'est partiellement accomplie pour l'Eglise de Jésus-Christ le jour de la Pentecôte. L'apôtre Pierre le rappelle dans son discours explicatif aux Juifs, hommes pieux de toutes les nations qui étaient venus à Jérusalem. Mais la deuxième partie de la prophétie nous conduit au-delà de l'enlèvement : au retour en gloire de Jésus pour le règne — le soleil se changera en ténèbres, et la lune en sang, avant l'arrivée du jour de l'Eternel. Au plan pratique et personnel, quand bien même aurions-nous subi une invasion de difficultés, comparable aux sauterelles, le Seigneur promet de nous faire revivre en répandant tout à nouveau son Esprit sur nous !

Lève-toi, va à Ninive, la grande ville, et crie contre elle ! (Jonas 1/2)

Jonas a prophétisé au temps de Jéroboam II, roi d'Israël et d'Ozias roi de Juda, à l'époque du puissant empire Assyrien, ennemi du peuple de Dieu. Mais Dieu ne juge jamais sans avoir averti et donné l'occasion aux hommes de se repentir, car il est « compatissant et miséricordieux, lent à la colère et riche en bonté », toujours prêt à faire grâce à qui se repent. Manifestement Jonas n'était pas de cet avis et il n'était pas conscient de l'esprit qui l'animait ! Le chemin de la désobéissance n'est pas le plus tranquille : au sein de la tempête, Jonas est jeté à la mer et englouti dans le ventre d'un grand poisson ; il devra sa délivrance à la miséricorde du Seigneur bien plus qu'à son cri de désespoir ! « L'Eternel parla au poisson, et le poisson vomit Jonas sur la terre ». Dieu emploie les grands moyens pour nous ramener dans l'obéissance. Plus question cette fois-ci de désobéir ! Ninive sera avertie, et, au grand déplaisir du prophète, se repentira. A l'inverse de Jonas, notre Seigneur sera un instrument obéissant et volontaire pour le salut du monde : « Car, de même que Jonas fut trois jours et trois nuits dans le ventre d'un grand poisson, de même le Fils de l'homme sera trois jours et trois nuits dans le sein de la terre ».

**Paroles d'Amos, l'un des bergers de Tekoa, visions qu'il eut sur Israël…
(Amos 1/1)**

Contemporain de Jonas, il ne va pas prophétiser uniquement sur les nations limitrophes d'Israël, mais ses avertissements concerneront avant tout le peuple de Dieu. Soulignant la souveraineté de Dieu : « Arrive-t-il un malheur dans une ville, sans que l'Eternel en soit l'auteur » ?, il n'aura de cesse d'intercéder pour ses contemporains : « Seigneur Eternel, pardonne donc ! Comment Jacob subsistera-t-il ? Car il est si faible » ! Malheureusement, et même après une série de sévères châtiments, le Seigneur ne pourra que constater l'endurcissement des cœurs : « Malgré cela, vous n'êtes pas revenus à moi, dit l'Eternel » à cinq reprises. Cependant le prophète entend la promesse de l'Eternel pour les temps messianiques : « Je relèverai de sa chute la maison de David, j'en réparerai les brèches, j'en redresserai les ruines… ».

La parole que Dieu a adressée à Israël à cette époque l'est également à chacun de nous aujourd'hui : « Prépare-toi à la rencontre de ton Dieu » ! Ce message, les croyants doivent aussi l'entendre afin qu'ils ne perdent pas leur récompense devant le tribunal de Christ !

La parole de l'Eternel fut adressée à Osée…(Osée 1/1)

Contemporain de Jonas et d'Amos, Osée le sera aussi d'Esaïe et de Michée et son ministère durera jusqu'au règne d'Achaz roi de Juda et probablement jusqu'à la chute du royaume du nord. Fort bien placé pour comprendre le cœur de Dieu blessé par l'infidélité d'Israël — à cause de la situation au sein de son propre foyer – Osée plaidera pour que les enfants d'Israël reviennent à leur Dieu : « Venez, retournons à l'Eternel ! Car il a déchiré, mais il nous guérira ; Il a frappé, mais il bandera nos plaies. Il nous rendra la vie… Israël, reviens à l'Eternel, ton Dieu, car tu es tombé par ton iniquité. Apportez avec vous des paroles, et revenez à l'Eternel. Dites-lui : Pardonne toutes les iniquités et reçois-nous favorablement » ! Nous sommes parfois comme Israël qui était comme un gâteau qui n'avait pas été retourné : nous avons une "face cachée". Défrichons-nous un champ nouveau. Connaissons, cherchons à connaître l'Eternel :
« Mon peuple est détruit, parce qu'il lui manque la connaissance ». Dieu ne dit-il pas : « Je réparerai leur infidélité, j'aurai pour eux un amour sincère ; car ma colère s'est détournée d'eux. Je serai comme la rosée pour Israël ».

Ozias avait seize ans lorsqu'il devint roi, et il régna cinquante-deux ans à Jérusalem (2 Chroniques 26/3)

« Il s'appliqua à rechercher Dieu pendant la vie de Zacharie, qui avait l'intelligence des visions de Dieu ; et dans le temps où il rechercha l'Eternel, Dieu le fit prospérer. Mais lorsqu'il fut puissant, son cœur s'éleva pour le perdre. Il pécha contre l'Eternel, son Dieu : il entra dans le Temple de l'Eternel pour brûler des parfums sur l'autel », chose qui n'était réservée qu'aux sacrificateurs, descendants d'Aaron — qui l'exclurent d'ailleurs du sanctuaire. « Ozias fut lépreux jusqu'au jour de sa mort ». C'est l'année de la mort du roi Ozias qu'Esaïe a eu une vision de la gloire et de la sainteté de Dieu. Il verra le Seigneur assis sur un trône très élevé. Cette vision le marquera au plus profond de lui-même et fera de lui le prophète le plus messianique, c'est-à-dire celui qui parlera le plus du Seigneur Jésus, à tel point que certains l'appelleront "le cinquième évangéliste" — faisant allusion aux quatre évangiles.
Un roi déchu sur la terre, un Roi élevé dans le ciel. L'un s'est élevé et a été abaissé, l'autre s'abaissera volontairement et sera souverainement élevé pour recevoir tous les honneurs dus à son rang. Cette loi spirituelle est toujours d'actualité !

Prophétie d'Esaïe sur Juda et Jérusalem, au temps d'Ozias, de Jotham, d'Achaz et d'Ezéchias, rois de Juda (Esaïe 1/1)

On a comparé le livre d'Esaïe, avec ses soixante-six chapitres, à une Bible en miniature. Les trente-neuf premiers chapitres concernant davantage Israël et les nations, représenteraient l'Ancien Testament —composé de trente-neuf livres ; et les vingt-sept derniers, avec ses merveilleuses promesses et son sublime chapitre cinquante-trois au milieu, représenterait le Nouveau Testament — composé de vingt-sept livres. Sans vouloir forcer les choses à tout prix, nous constatons chez ce prophète, le nombre impressionnant de prophéties concernant le Messie, tantôt vu dans son abaissement, tantôt contemplé dans sa gloire. Ces deux visions se trouvant parfois étroitement mêlées, à tel point que les Juifs n'en ont retenu qu'une seule, celle de la gloire du royaume messianique et ont ainsi rejeté leur Messie sans comprendre qu'il devait d'abord venir pour souffrir !

Quel enseignement pour nous tous : « Celui qui a été abaissé pour un peu de temps au-dessous des anges, Jésus, nous le voyons couronné de gloire et d'honneur à cause de la mort qu'il a soufferte ; ainsi par la grâce de Dieu, il a souffert pour tous ».

On l'appellera Admirable conseiller, Dieu puissant, Père éternel, Prince de la paix (Esaïe 9/5)

Ces promesses sont pour nous aujourd'hui :
« Il donne de la force à celui qui est fatigué, et il augmente la vigueur de celui qui tombe en défaillance ».
« Tes oreilles entendront derrière toi la voix qui dira : voici le chemin, marchez-y ».
« Ne crains rien, car je suis avec toi ».
« Tournez-vous vers moi, et soyez sauvés ».
« C'est dans la tranquillité et le repos que sera votre salut ».
« Je romprai les portes d'airain, et je briserai les verrous de fer ».
« Toute arme forgée contre toi sera sans effet ; et toute langue qui s'élèvera en justice contre toi, tu la condamneras ».
« Si tu traverses les eaux, je serai avec toi ; et les fleuves, ils ne te submergeront point ; si tu marches dans le feu, tu ne te brûleras pas, et la flamme ne t'embraseras pas. Car je suis l'Eternel, ton Dieu, le Saint d'Israël, ton Sauveur ».
Il donne aux affligés « un diadème au lieu de la cendre, une huile de joie au lieu du deuil, un vêtement de louange au lieu d'un esprit abattu ».

Pour moi, je regarderai vers l'Eternel, je mettrai mon espérance dans le Dieu de mon salut (Michée 6/7)

Contemporain d'Osée et d'Esaïe, Michée assistera comme ce dernier à la chute d'Israël, non sans l'avoir pourtant averti de la part de l'Eternel. Mais son livre, comme celui d'Esaïe, laisse entrevoir des temps meilleurs avec la venue et le règne du Messie promis : « Et toi, Bethléhem Ephrata, petite entre les milliers de Juda, de toi sortira pour moi celui qui dominera sur Israël, et dont les activités remontent aux temps anciens, aux jours de l'éternité ». En dépit des temps difficiles qu'il connaissait, il a donc pris la résolution de se tourner vers le Dieu de l'espérance : « Pour moi, je regarderai vers l'Eternel, je mettrai mon espérance dans le Dieu de mon salut ; mon Dieu m'exaucera. Ne te réjouis pas à mon sujet, mon ennemie ! Car si je suis tombée, je me relèverai ; si je suis dans les ténèbres, l'Eternel sera ma lumière. Je supporterai la colère de l'Eternel, puisque j'ai péché contre lui ».
Ne nous laissons pas emporter par le pessimisme ambiant dans ces temps difficiles qui sont les nôtres, regardons et exhortons nos frères et sœurs à regarder vers le Dieu de notre salut ! Ayons les regards sur Jésus, « qui suscite la foi et la mène à la perfection ».

La neuvième année d'Osée, roi d'Israël, le roi d'Assyrie prit Samarie et emmena captif Israël en Assyrie — en 722 av JC — (2 Rois 17/6)

On n'entendra plus parler des tribus du royaume du nord. Seul le royaume de Juda au sud résistera encore un temps.

Cela est arrivé parce qu'ils avaient abandonné l'Eternel et ils s'étaient livrés aux choses les plus abominables. Ils n'ont pas écouté les avertissements de Dieu au travers du ministère des prophètes. Aussi Dieu les a-t-il rejetés loin de sa face. Des étrangers peupleront la Samarie et y apporteront leur langue, leur culture, leur religion ; ils adopteront aussi quelques coutumes du judaïsme. Ce sera l'origine des Samaritains.

Si Dieu s'est servi des nations païennes pour châtier son peuple, celles-ci seront néanmoins châtiées à leur tour par le Seigneur. Ce n'est pas en vain que l'on touche impunément au peuple de Dieu, même quand celui-ci est infidèle, ce fait se vérifie dans toute l'histoire, ancienne et contemporaine.
Ce qui est arrivé à Samarie est l'aboutissement logique de ce qui s'est passé depuis Jéroboam avec l'abandon de l'Eternel et le culte des idoles. Dieu a patienté, mais « la colère a fini par les atteindre » !
de la chute d'Israël à la ruine de Juda…

de la chute d'Israël à la ruine de Juda…

Ezéchias devint roi à l'âge de vingt-cinq ans, et il régna vingt-neuf ans à Jérusalem (2 Chroniques 29/1)

Son règne, globalement positif, sera un rayon de lumière entre celui de son père Achaz, et celui de son fils et successeur Manassé. Il sera lui aussi témoin du démantèlement du royaume du nord. Courageusement et avec l'aide de Dieu, il purifiera le Temple de Jérusalem, réorganisera les fonctions des sacrificateurs et des Lévites et convoquera les Judéens à Jérusalem pour célébrer la Pâque de l'Eternel.

Il suffit parfois d'un seul homme pour entraîner tout un peuple à revenir vers l'Eternel ! Il y en a des "temples" à rouvrir aujourd'hui, à purifier, à rendre propres au service, pour attirer un grand nombre : c'est celui des cœurs…à commencer par le nôtre ! « Sa maison, c'est nous ». Nous sommes le temple du Saint-Esprit. Le royaume de Juda devait connaître lui aussi le châtiment de Dieu et l'exil, mais des hommes comme Ezéchias et plus tard Josias se sont efforcés de sauver ce qui pouvait encore l'être. De même la ruine est arrêtée pour ce monde, mais soyons pour l'Eglise des instruments d'édification et pour les âmes perdues des moyens de salut.
« Nous sommes ouvriers avec Dieu ».

Le roi Ezéchias et le prophète Esaïe, fils d'Amots, se mirent à prier…et ils crièrent au ciel (2 Chroniques 32/20)

Le roi et le prophète invoquent ensemble le nom de l'Eternel. L'épreuve nous unit ! Les Assyriens sont venus pour s'emparer de Jérusalem, comme ils l'avaient fait pour Samarie, mais l'Eternel a entendu la prière : l'Ange de l'Eternel va décimer l'armée ennemie et Jérusalem sera sauvée. Puissions-nous réaliser l'importance et la valeur de la prière d'intercession face aux attaques de l'ennemi. « Si Dieu est pour nous, qui sera contre nous » ? Au nom de Jésus l'ennemi s'enfuit !

Une autre épreuve attendait Ezéchias : en ce temps-là il fut malade à la mort. « Le prophète Esaïe vint auprès de lui, et lui dit : Ainsi parle l'Eternel : donne tes ordres à ta maison, car tu vas mourir, et tu ne vivras plus ». Ezéchias va cette fois implorer l'Eternel en sa faveur. Dieu va entendre sa prière et faire revenir auprès de lui Esaïe avec cette réponse : « J'ai entendu ta prière, j'ai vu tes larmes. Voici, je te guérirai… j'ajouterai à tes jours quinze années ». Mais Ezéchias n'a pas su veiller après sa guérison et commit quelques fautes. Le diable n'agit pas uniquement comme un lion rugissant, il sait se déguiser en ange de lumière, et c'est là qu'il est le plus dangereux ! Veillons.

Oracle sur Ninive. Livre de la prophétie de Nahum, d'Elkosch (Nahum 1/1)

C'en est fait : Ninive est mise à nu, elle est emmenée. C'est l'effondrement de l'empire Assyrien qui est prophétisé. L'empire Babylonien lui succèdera. Un siècle environ avant Nahum, Jonas avait assisté à la repentance de la ville qui avait été préservée du jugement divin. Mais Ninive était retombée plus encore dans l'iniquité et la violence. Cette fois-ci le jugement de Dieu est sans appel.

Dieu n'agit jamais sans avertir. Dieu est juste : les Assyriens qui avaient vaincu par l'épée le royaume d'Israël, seront vaincus à leur tour. C'est Dieu qui est le Maître de l'histoire des peuples et de son peuple en particulier. Il renverse et il établit les rois, et tout est dans sa main. Il abaisse l'un et il élève l'autre. Tout est fait en fonction du peuple élu et de la venue du sein de ce peuple, du Rédempteur promis. Il y a un fil conducteur dans l'Ancien Testament qu'il ne faut jamais perdre de vue. La bible doit être lue en ne perdant jamais de vue le plan général de Dieu. Celui qui contrôle l'univers entier, contrôle aussi nos vies dans les moindres détails. Nous sommes en sécurité dans sa forte main.

Que nos cœurs soient dans la paix !

Josias avait huit ans lorsqu'il devint roi, et il régna trente et un ans à Jérusalem (2 Rois 22/1)

Après les tristes règnes de Manassé et d'Amon, marqués par un retour à « la voie de Jéroboam qui avait fait pécher Israël », Josias s'efforcera de ramener Juda dans « la voie de David ». Il purifiera Jérusalem des idoles, fera réparer la maison de l'Eternel, s'humiliera devant Dieu en entendant les paroles de Dieu écrites dans le livre de la loi retrouvé dans la maison de l'Eternel. Josias célébra la Pâque en l'honneur de l'Eternel à Jérusalem. Aucune Pâque pareille à celle-là n'avait été célébrée en Israël depuis les jours de Samuel le prophète ; et aucun des rois d'Israël n'avait célébré une Pâque pareille à celle que célébrèrent Josias, les sacrificateurs et les Lévites et tout Juda. Sa seule erreur aura été de s'opposer au roi d'Egypte qui s'en allait à la rencontre du roi d'Assyrie à Carkemisch sur l'Euphrate — un conflit qui n'était pas le sien mais dans lequel il y laissera sa vie ! Tout Juda et Jérusalem pleurèrent Josias et Jérémie fit une complainte sur lui. Le seul roi qui ne commettra aucune erreur était encore à venir ! Ne nous mêlons pas de conflits qui ne nous concernent pas : combattons le bon combat de la foi et suivons jusqu'au bout la voie royale.

La parole de l'Eternel fut adressée à Sophonie…au temps de Josias, roi de Juda (Sophonie 1/1)

Grâce à l'œuvre de Josias, l'Eternel avait comme suspendu son jugement sur Jérusalem et Juda, mais sa résolution était arrêtée. Sophonie proclamera le caractère irrévocable de l'intervention de l'Eternel en annonçant que « le jour de l'Eternel » est proche, sous-entendu le jour de son intervention pour le jugement. Toutefois Sophonie ne manquera pas, à l'instar de tous les prophètes, d'annoncer des temps meilleurs pour le peuple de Dieu…dans un avenir lointain ! « En ce temps-là, je vous ramènerai ; en ce temps-là, je vous rassemblerai ; car je ferai de vous un sujet de gloire et de louange parmi tous les peuples de la terre ». Dieu reviendra régner parmi son peuple : « L'Eternel, ton Dieu, est au milieu de toi, comme un héros qui sauve : il fera de toi sa plus grande joie ; il gardera le silence dans son amour ; il aura pour toi des transports d'allégresse ».

Avec Dieu aucune situation n'est jamais complètement désespérée. Même s'il nous faut passer par le creuset de l'épreuve, le but du Seigneur n'est jamais notre destruction, mais notre purification en vue de jours meilleurs. Ne l'oublions jamais !

Oracle révélé à Habakuk, le prophète…c'est une prophétie dont le temps est déjà fixé (Habakuk 1/1 – 2/3)

Dieu confirme aux Judéens de ce temps, ce qu'il va faire : « Soyez saisis d'étonnement, d'épouvante ! Car je vais faire en vos jours une œuvre que vous ne croiriez pas si on vous la racontait : voici, je vais susciter les Chaldéens… ».

Jusqu'au bout les Judéens se sont bercé d'illusions en croyant que l'Eternel les délivrerait sans qu'ils passent par une réelle repentance en revenant à Lui de tout leur cœur. Paul appliquera cette prophétie à la venue de Jésus et à sa résurrection d'entre les morts (Actes 13/34-41). Dans l'épître aux Hébreux elle est appliquée à son retour. La parole : « si elle tarde (la prophétie), attends-là, car elle s'accomplira, elle s'accomplira certainement » est interprétée de la manière suivante : « Encore un peu, un peu de temps ; *celui* qui doit venir viendra, et il ne tardera pas. Et mon juste vivra par la foi ». (Hébreux 10/37-38).

Le message des prophètes dépasse bien souvent leur époque pour en arriver à celle du Messie. Comme eux, ne voyons pas les choses à court terme seulement, mais ayons toujours à l'esprit les choses à venir, car le meilleur est toujours devant nous !

Paroles de Jérémie, fils de Hilkija, l'un des sacrificateurs d'Anathoth, dans le pays de Benjamin (Jérémie 1/1)

Aucun des derniers rois de Juda (Joachaz, Jojakim, Jojakin, et Sédécias) ne sera approuvé de Dieu, bien au contraire, et c'est ce qui précipitera le pays dans la ruine. Jérémie, appelé par l'Eternel dès le ventre de sa mère, sera l'ultime voix de Dieu à un peuple rebelle et marchant au gré de ses voies, entraîné dans l'impiété par ses dirigeants. Craintif, voire timide, Dieu l'exhortera de la manière suivante : « Ne dis pas : Je suis un enfant. Car tu iras vers tous ceux auprès de qui je t'enverrai, et tu diras tout ce que je t'ordonnerai…ils te feront la guerre, mais ils ne te vaincront pas ; car je suis avec toi pour te délivrer, dit l'Eternel ». Il dénoncera le péché sans détours, appelant à la repentance et annonçant très clairement la ruine de Jérusalem. Il se heurtera à l'indifférence générale, puis à une opposition violente de la part des autorités de Juda qui voudront le faire mourir. Il prophétisera sur les nations et surtout sur l'avenir lointain et glorieux du peuple de Dieu. Pleurant sur Jérusalem, il n'est pas sans nous faire penser à Jésus pleurant sur la destruction et les malheurs futurs de la ville sainte. Si au moins en ce jour qui nous est donné, nous acceptions de revenir à Dieu !

Nebucadnetsar, roi de Babylone, vint avec toute son armée contre Jérusalem (2 Rois 25/1)

Le temps de la patience de Dieu arrive à son terme ! La ville fut assiégée et prise. Ceux qui échappèrent à l'épée et à la famine furent emmenés en Babylonie. Le pays fut dévasté. Les plus pauvres du pays purent seuls y demeurer. Il y eut en fait trois déportations successives : la première en 606 av JC, sous le règne de Jojakim (début du règne de Nébucadnetsar), la deuxième en 597 sous le règne de Jojakin, la troisième et la plus importante en 586 sous le règne de Sédécias. Le Temple de Jérusalem sera détruit, la ville ruinée…

Le prophète Daniel fera partie de la première vague des déportés, Ezéchiel de la deuxième. Ils seront les deux prophètes de l'exil. Jérémie avait annoncé que l'exil durerait soixante-dix années et que les babyloniens seraient châtiés à cause de leur comportement vis-à-vis des Judéens.

Dieu n'avait pas parlé en vain par ses prophètes ! Prenons toujours au sérieux la Parole de Dieu. Le Seigneur ne veut pas qu'aucun ne périsse, mais que tous arrivent à la repentance. Dieu n'a pas rejeté son peuple, c'est le peuple qui l'a rejeté. Si nous sommes infidèles, lui demeure fidèle.
« Ces choses sont arrivées pour nous servir d'exemples » !

Ne te réjouis pas sur les enfants de Juda au jour de leur ruine (Abdias 12)

Il est difficile de savoir à quelle époque Abdias a prophétisé, mais ce qu'il a dit ici peut très bien correspondre à la ruine de Juda. Les Edomites avaient profité du châtiment et de la détresse des Judéens pour piller ce qui restait et pour assouvir leur inimitié à leur égard. Cela déplut à l'Eternel qui le manifeste au travers de la prophétie d'Abdias. Dieu rappelle par son prophète que le salut sera un jour sur la montagne de Sion, que la maison de Jacob reprendra ses possessions, et qu'à l'Eternel appartiendra le règne.

Le livre des Proverbes dit ceci : « Ne te réjouis pas de la chute de ton ennemi, et que ton cœur ne soit pas dans l'allégresse quand il chancelle, de peur que l'Eternel ne le voie, que cela ne lui déplaise, et qu'il ne détourne de lui sa colère ». Que les interventions du Seigneur à l'égard des autres nous remplissent d'une sainte crainte, car nous sommes tous des hommes de la même nature !

Ainsi, avec la captivité du royaume de Juda, c'est la fin du royaume terrestre de David qui aura duré environ quatre siècles. Il va revivre, dans un sens spirituel, avec la première venue de Jésus et sera manifesté en gloire à son retour.

C'est vers cela que tend tout l'Ancien Testament.

Fais-nous revenir vers toi, ô Eternel et nous reviendrons ! (Lamentations 5/21)

« Lorsqu'il afflige, il a compassion selon sa grande miséricorde ; car ce n'est pas volontiers qu'il humilie et qu'il afflige les enfants des hommes ». Jérémie, tout abattu qu'il était à la vue de la ruine de son peuple, s'appuie sur son Dieu pour reprendre courage et dit : « Voici ce que je veux repasser en mon cœur, ce qui me donnera de l'espérance : les bontés de l'Eternel ne sont pas épuisées, ses compassions ne sont pas à leur terme ; elles se renouvellent chaque matin. Oh ! que ta fidélité est grande » ! Le vase que le potier avait fait n'a pas réussi, mais il veut en refaire un autre. Tu peux tout recommencer, balayer ta vie passée et repartir à zéro avec Jésus pour berger ! Y a-t-il rien qui soit étonnant de la part de l'Eternel ? « Car je connais les projets que j'ai formés sur vous, dit l'Eternel, projets de paix et non de malheur, afin de vous donner un avenir et de l'espérance. Vous m'invoquerez, et vous partirez ; vous me prierez, et je vous exaucerai…je vous ramènerai dans le lieu d'où je vous ai fait aller en captivité ».
« Invoque-moi du sein de la détresse, mon bras puissant te sauvera, elle est à toi la promesse divine, saisis-la donc et sois vainqueur ».
« Revenez- à moi, et je reviendrai à vous ».

de la déportation au retour…

Daniel résolut de ne pas se souiller par les mets du roi et par le vin que le roi buvait (Daniel 1/8)

Daniel s'est retrouvé, avec trois de ses compagnons, à la cour du roi Nebucadnetsar. « Dieu accorda à ces quatre jeunes gens de la science, de l'intelligence dans toute la littérature, et de la sagesse ». Lorsqu'ils se sont mis à prier ensemble pour recevoir l'explication du songe du roi, « le secret fut révélé à Daniel dans une vision pendant la nuit ». Le songe — une haute statue faite d'or, d'argent, d'airain, de fer et d'argile — représentait la succession des principaux royaumes terrestres jusqu'à l'établissement du royaume de Dieu. C'est ce qu'il convient d'appeler « le temps des nations », Dieu ayant interrompu ses relations directes avec Israël. Le roi ayant exigé qu'on adore la statue qu'il avait fait ériger, les trois compagnons de Daniel ont été jetés dans une fournaise ardente pour avoir refusé ce culte idolâtre. Protégés par l'Ange de l'Eternel, il en sont sortis indemnes !

Loin de leur pays, privés de leur Temple, dans un contexte défavorable, ils ont expérimenté la fidélité de Dieu. « Mes bien-aimés, ne trouvez pas étrange d'être dans la fournaise de l'épreuve… ». Dieu nous délivrera de toute œuvre mauvaise et l'ultime délivrance qu'il nous accordera un jour sera pour nous recevoir dans son royaume céleste !

Daniel eut un songe et des visions se présentèrent à son esprit (Daniel 7/1)

Daniel a vu dans une vision nocturne quatre animaux sortir de la mer et correspondant exactement aux différents éléments de la vision de la statue à savoir les différents empires qui vont se succéder au travers de l'histoire des nations jusqu'à l'établissement du royaume de Dieu. Le fait que ce sont ici des animaux qui apparaissent révèle la nature de ces royaumes. Daniel recevra des révélations autant étonnantes que précises sur le comportement futur de certaines nations, allant même jusqu'à entrevoir la manifestation de l'Antichrist aux temps de la fin. Dieu montrait par toutes ces choses qu'il dominait sur les nations, que tout était sous son contrôle, qu'il était assis sur son trône comme au temps du déluge. « Des nations s'agitent, des royaumes s'ébranlent…Il fait entendre sa voix ». C'est lui qui fera cesser les combats jusqu'au bout de la terre. Daniel connaîtra le règne de plusieurs monarques au cours de toutes ces années de captivité, mais il restera d'une fidélité exemplaire à son Dieu, même quand sa vie se trouvera menacée et qu'on le jettera dans une fosse aux lions : le Seigneur enverra son Ange pour fermer la gueule des lions ! Il vivra jusqu'à un âge avancé mais ne reverra pas son pays.

Sur les bords des fleuves de Babylone, *(Psaume 137)*

« Nous étions assis et nous pleurions,
En nous souvenant de Sion.
Aux saules de la contrée
Nous avions suspendu nos harpes.
Là, nos vainqueurs nous demandaient des chants,
Et nos oppresseurs de la joie :
Chantez-nous quelques-uns des cantiques de Sion !
Comment chanterions-nous les cantiques
De l'Eternel sur une terre étrangère ?
Si je t'oublie, Jérusalem,
Que ma droite m'oublie !
Que ma langue s'attache à mon palais,
Si je ne me souviens de toi,
Si je ne fais de Jérusalem
Le principal sujet de ma joie !
Eternel, souviens-toi des enfants d'Edom,
Qui, dans la journée de Jérusalem, disaient :
Rasez, rasez jusqu'à ses fondements !
Fille de Babylone, la dévastée,
Heureux qui te rend la pareille,
Le mal que tu nous as fait !
Heureux qui saisit tes enfants,
Et les écrase sur le roc » !

La parole de l'Eternel fut adressée à Ezéchiel dans le pays des Chaldéens (Ezéchiel 1/3)

Alors que Daniel était attaché à la cour royale, Ezéchiel vivait auprès des captifs près du fleuve du Kebar. Comme l'apôtre Jean exilé, il aura la révélation de la gloire de Dieu dans les lieux élevés.

Cette gloire quittera le Temple et la ville de Jérusalem dont il apprendra la chute — qu'il avait d'ailleurs annoncée. Il prophétisera sur toutes les nations en relation avec le peuple de Dieu. Il annoncera la renaissance nationale et surtout spirituelle du peuple de Dieu (chapitre trente-sept) pour les temps de la fin. Sa vision du Temple futur, pendant le règne du Messie, est remarquable de précision et avait de quoi nourrir l'espérance de ceux qui restaient fidèles à l'Eternel.

Dieu avait dit : « Je cherche (parmi eux) un homme qui élève un mur, qui se tienne à la brèche en faveur du pays… ». Quand Dieu cherche sur la terre un fidèle intercesseur s'adonnant à la prière pour un monde si pécheur…Dieu peut-il compter sur nous ? L'Eternel a trouvé en Daniel et en Ezéchiel de précieux instruments. Dieu ne recherche pas une élite, une armée ; il ne cherche pas des anges : il les a tous à sa disposition ! Il cherche des hommes et des femmes de prière, des chrétiens fidèles. Soyons de ceux-là !

Mais tu t'es confiée dans ta beauté, et tu t'es prostituée (Ezéchiel 16/15)

La nation d'Israël, comparée à une épouse pour l'Eternel dans l'Ancien Testament, a commis infidélité sur infidélité et a fini par être appelée « prostituée » ! Jacques dira aux chrétiens infidèles : « adultères que vous êtes » ! Cela concernait autant Juda qu'Israël : « Telle mère, telle fille » ! C'est pourquoi la raison et le but de la captivité du peuple seront avant tout de le purifier de son péché en vue de le ramener à l'Eternel pour préparer la venue du Rédempteur : « Je t'ai mis au creuset, mais non pour retirer de l'argent ; je t'ai éprouvé dans la fournaise de l'adversité. C'est pour l'amour de moi, pour l'amour de moi, que je veux agir ; car comment mon nom serait-il profané ? Je ne donnerai pas ma gloire à un autre ».

D'autre part, si dans l'Ancienne Alliance la responsabilité était avant tout collective, désormais l'accent sera mis sur la responsabilité personnelle : « Pourquoi dites-vous ce proverbe dans le pays d'Israël : Les pères ont mangé des raisins verts, et les dents des enfants en ont été agacées » ? Désormais « l'âme qui pèche, c'est celle qui mourra ». « Le fils ne portera pas l'iniquité de son père, et le père ne portera pas l'iniquité de son fils ». Qu'on se le dise !

Et toi, fils de l'homme, je t'ai établi comme sentinelle sur la maison d'Israël (Ezéchiel 33/ 7)

Le rôle de la sentinelle est d'observer, d'écouter et d'avertir du danger pour préserver et sauver le peuple. En cela elle a un point commun avec le berger qui surveille, regroupe et garde le troupeau qui lui est confié.
Les sentinelles ont été aveugles, sans intelligence ; elles ont toutes été comme des chiens muets incapables d'aboyer et les bergers ont mené la vie dure au troupeau, le maltraitant et le dépouillant. « Sentinelle, que dis-tu de la nuit ? La sentinelle répond : Le matin vient, et la nuit aussi ». Un jour nouveau va venir, mais il nous faudra passer par une nuit d'épreuves pour voir se lever le soleil de justice ! Dieu confiera son peuple à un Berger selon son cœur : « Je porterai secours à mes brebis, afin qu'elles ne soient plus au pillage. J'établirai sur elles un seul berger, qui les fera

paître, mon serviteur David ; il sera leur berger ». Il s'agit bien entendu de Jésus, descendant de David.

Pour les responsables d'aujourd'hui, l'exhortation de Paul n'a pas perdu de son acuité : « Prenez garde à vous-mêmes et à tout le troupeau sur lequel le Saint-Esprit vous a établis surveillants, pour paître l'Eglise du Seigneur, qu'il s'est acquise par son propre sang »

Voici ceux de la province qui revinrent de l'exil (Esdras 2/1)

Dieu, qui domine sur les nations et qui établit et renverse les rois, avait annoncé environ deux siècles auparavant — par le prophète Esaïe — que Babylone serait prise et que Cyrus le Perse règnerait : « Ainsi parle l'Eternel à son oint, à Cyrus, qu'il tient par la main, pour terrasser les nations devant lui, et pour relâcher la ceinture des rois, pour lui ouvrir les portes (de Babylone) afin qu'elles ne soient plus fermées : Je marcherai devant toi, j'aplanirai les chemins montueux, je romprai les portes d'airain, et je briserai les verrous de fer, je te donnerai des trésors cachés, des richesses enfouies », (allusion directe à la chute de Babylone la nuit même du grand festin donné par Belschatsar). Daniel, de son côté, avait vu par le livre du prophète Jérémie qu'il devait s'écouler soixante-dix ans pour la captivité des Judéens. Les choses iront désormais très vite : « La première année de Cyrus l'Eternel réveilla l'esprit de Cyrus qui fit faire de vive voix et par écrit une publication dans tout son royaume » autorisant les Judéens à revenir à Jérusalem pour reconstruire le Temple !

Quand l'heure de Dieu a sonné, Il dispose favorablement à l'égard de son peuple même ses ennemis !

Cantique des degrés
(Psaume 126)

« Quand l'Eternel ramena les captifs de Sion,
Nous étions comme ceux qui font un rêve.
Alors notre bouche était remplie de cris de joie,
Et notre langue de chants d'allégresse ;
Alors on disait parmi les nations :
L'Eternel a fait pour eux de grandes choses !
L'Eternel a fait pour nous de grandes choses ;
Nous sommes dans la joie.
Eternel, ramène nos captifs,
Comme des ruisseaux dans le midi !
Ceux qui sèment avec larmes
Moissonneront avec chants d'allégresse.

Celui qui marche en pleurant,
Quand il porte la semence,
Revient avec allégresse,
Quand il porte ses gerbes ».

Il en est de même quand des cœurs se convertissent : « Il y a de la joie dans le ciel pour un seul pécheur qui se repent » !

Josué avec ses frères et Zorobabel avec ses frères se levèrent et bâtirent l'autel du Dieu d'Israël pour y offrir des sacrifices (Esdras 3/2)

L'une des premières choses qu'ils feront au retour de la captivité sera de rétablir l'autel de l'Eternel — avant de reconstruire le Temple !

Il fallait tout refaire, tout reconstruire, le pays était en ruine…mais la chose la plus importante était de rétablir le contact avec leur Dieu. Il fallait, non seulement, un retour au pays de Juda, mais surtout un retour vers Dieu. On ne peut revenir vers Dieu qu'au travers du sacrifice. Tout vrai retour à Dieu passe par là. Jésus a dit : « Nul ne vient au Père que par moi ». D'abord la croix, tout le reste ensuite. Que ce soit pour Josué, le sacrificateur, ou pour Zorobabel le gouverneur, et pour ceux qui revenaient de la captivité. Dieu est à l'honneur là où le sang de Jésus est mis en valeur. Tout vrai réveil commence par là.

Nous aussi, nous avons devant nous un pays en ruine, et osons le dire, parfois certaines églises locales. Revenir au point de départ est alors indispensable et rien de profond et de durable ne peut être envisagé sans cette première étape. N'avons-nous pas un Dieu qui pardonne, qui restaure et qui sauve le peuple qui s'humilie ? A lui soit toute la gloire !

Aggée, le prophète, et Zacharie, fils d'Iddo, le prophète, prophétisèrent aux Juifs qui étaient en Juda et à Jérusalem…(Esdras 5/1)

Sous l'impulsion de Josué et de Jotsadak, la reconstruction du Temple avait commencé, mais fut bientôt interrompue à cause des ennemis du peuple de Dieu. Après vérification, les autorités Perses ont dû reconnaître la véracité de l'édit de Cyrus autorisant le retour des Judéens et la reconstruction de la maison de Dieu. Dieu veille sur son œuvre.

Lorsqu'un travail de reconstruction spirituelle est entrepris, des obstacles peuvent surgir et l'ennemi fera tout pour interrompre cette œuvre. Mais Dieu a dit : « Je commencerai et j'achèverai ». Si Dieu est pour nous, qui sera contre nous ? « Je suis persuadé, disait Paul, que celui qui a commencé en vous cette bonne œuvre la rendra parfaite pour le jour de Jésus-Christ ».

Jésus a dit : « Je bâtirai mon Eglise et les portes du séjour des morts ne prévaudront point contre elles ». Les promesses de Dieu sont certaines : « Ils rebâtiront sur d'anciennes ruines, ils relèveront d'antiques décombres, ils renouvelleront des villes ravagées, dévastées depuis longtemps ».

Le travail a pu reprendre avec l'assistance des prophètes Aggée et Zacharie.

La parole de l'Eternel fut adressée par Aggée, le prophète, à Zorobabel et à Josué (Aggée 1/1)

Et voici quelle était cette parole : « Montez sur la montagne, apportez du bois, et bâtissez la Maison : J'en aurai de la joie, et je serai glorifié…maintenant fortifie-toi Zorobabel, fortifie-toi Josué, fortifie-toi, peuple entier du pays ! dit l'Eternel. Et travaillez ! Car je suis avec vous, dit l'Eternel des armées ». Le Temple fut achevé, les sacrificateurs et les Lévites furent établis dans leurs fonctions respectives ; Ils immolèrent la Pâque et célébrèrent avec joie pendant sept jours la fête des pains sans levain, car l'Eternel les avait réjouis ».

Certes, le Temple reconstruit n'avait pas l'éclat de celui de Salomon, mais même celui-ci n'avait pas la beauté du Temple futur du règne du Messie ! N'oublions pas que « Dieu n'habite pas dans des temples faits de main d'homme ». C'est en nous qu'il veut habiter par son Esprit : « Vous êtes le temple du Saint-Esprit ». C'est ce temple-là qu'il faut dédier, consacrer au Seigneur. Nos vies reconstruites doivent pouvoir désormais servir à la louange et à la gloire de Dieu.

« Offrons nos corps comme un sacrifice vivant, saint, agréable à Dieu, ce qui sera de notre part un culte raisonnable » !

La parole de l'Eternel fut adressée à Zacharie, fils de Bérékia, fils d'Iddo, le prophète… (Zacharie 1/1)

Le second prophète du retour de l'exil fut donc Zacharie. Son livre est empreint d'exhortations et de promesses pour sa propre génération : « Ainsi parle l'Eternel : Je retourne à Sion, et je veux habiter au milieu de Jérusalem ». Cependant la prophétie concerne des temps éloignés : le retour des enfants d'Israël sur la terre ancestrale après une dispersion mondiale — nous sommes témoins de ces choses dans notre génération ; mais plus encore elle concerne les temps de la fin — du règne de l'Antichrist et de la grande tribulation, et l'époque du règne millénaire du Messie : « Je répandrai sur la maison de David un Esprit de grâce et de supplication, et ils tourneront les regards vers moi, celui qu'ils ont percé ».

« Ses pieds se poseront en ce jour sur la montagne des Oliviers, qui est vis-à-vis de Jérusalem, du côté de l'orient ».

« Tous ceux qui resteront de toutes les nations venues contre Jérusalem monteront chaque année pour adorer le Roi, l'Eternel des armées, et pour célébrer la fête des tabernacles ».

Dieu a vraiment formé pour son peuple des projets de paix et non de malheur !

Il me fit voir Josué…debout devant l'Ange de l'Eternel, et Satan qui se tenait à sa droite pour l'accuser (Zacharie 3/1)

Satan a accusé Job devant la face de Dieu, il le fait ici avec Josué ; il emploie toujours la même stratégie avec tous ceux qui veulent servir Dieu. Satan nous accuse, mais Jésus nous défend : Il est notre Avocat auprès du Père, toujours vivant pour intercéder en notre faveur. Il est vrai qu'à la lumière de la sainteté de Dieu, nos vêtements paraissent sales, mais souvenons-nous que Dieu nous regarde maintenant au travers du sang de Jésus et qu'il n'y a plus aucune condamnation pour ceux qui sont en Jésus-Christ. Le Seigneur nous a revêtus de vêtements de fête : « Je me réjouirai en l'Eternel, mon âme sera ravie d'allégresse en mon Dieu ; car il m'a revêtu des vêtements du salut ». En s'attaquant à ceux qui sont à la tête, Satan espère neutraliser les efforts de l'ensemble du peuple de Dieu. Tandis que le diable nous crible comme le froment, Jésus prie afin que notre foi ne défaille point. Confessons la victoire du Seigneur :
« Ils l'ont vaincu à cause du sang de l'Agneau ».

Les grandes montagnes seront aplanies. L'huile ne manquera pas. « Ce n'est ni par la puissance ni par la force, mais c'est par mon Esprit, dit l'Eternel des armées ».

Esther fut conduite auprès du roi Assuérus, dans sa maison royale… (Esther 2/16)

Bien après la reconstruction du Temple, et avant l'arrivée d'Esdras à Jérusalem pour que celui-ci enseigne la loi de Dieu au peuple — car il n'y a pas de restauration durable sans attachement aux Saintes Ecritures, se déroule l'histoire d'Esther en Perse. Alors que l'ennemi n'a pu empêcher le retour des Judéens, ni la reconstruction de l'autel et du Temple, ni la célébration du culte à Jérusalem…il s'efforcera, par Haman interposé, d'exterminer le reste du peuple de Dieu, non seulement à Suse la capitale, mais dans les cent vingt-sept provinces du vaste empire d'Assuérus. Esther, reine à la place de Vasthi tombée en disgrâce, et encouragée par son oncle Mardochée, osera se présenter devant le roi pour lui demander grâce pour son peuple. Le roi lui accordera sa faveur : non seulement son peuple sera épargné mais il triomphera de tous ses ennemis. Haman, l'instigateur du complot, sera dévoilé et pendu à la potence qu'il avait préparée pour Mardochée ! Le jour de tristesse et de désolation fut changé en jour de joie et de fête, qui est encore célébré aujourd'hui en Israël. Même si le nom de Dieu n'est pas mentionné dans le livre d'Esther, sa providence se manifeste à chaque page… comme dans nos vies !

Si tu te tais maintenant, le secours et la délivrance surgiront d'autre part pour les Juifs, et toi et la maison de ton père vous périrez (Esther 4/14)

Paul disait : « Malheur à moi, se je n'annonce pas l'Evangile » ! Le Proverbe dit : « Délivre ceux qu'on traîne à la mort, ceux qu'on va égorger, sauve-les ! Si tu dis : Ah ! nous ne savions pas !...Celui qui pèse les cœurs ne le voit-il pas ? Et ne rendra-t-il pas à chacun selon ses œuvres » ?

Ce qui a motivé la démarche d'Esther c'était l'amour pour son peuple, les enfants d'Israël. Ce n'est pas la crainte d'une réprimande ou d'un jugement qui doit motiver notre action d'évangélisation, mais l'amour sincère pour les âmes qui se dirigent, sans qu'elles s'en rendent compte, vers l'enfer éternel. L'amour du Calvaire, la certitude d'avoir été racheté par le sang de Jésus doivent être nos seules motivations.

Dans la petite chapelle d'un village d'Europe se trouvait un tableau du Christ en croix. Son auteur fut un enfant de Dieu racheté d'une vie de folie et de péché par le sang de Christ. Il a inscrit en bas du tableau la phrase suivante sous forme de question :
« Voilà ce que j'ai fait pour toi, et toi que fais-tu pour moi » ? Nous ne pouvons plus nous taire.
« J'ai cru, c'est pourquoi j'ai parlé ! nous aussi nous croyons, et c'est pour cela que nous parlons ».

Les murailles de Jérusalem sont en ruines, et ses portes sont consumées par le feu (Néhémie 1/3)

Il restait une chose importante à régler : la reconstruction des murailles de Jérusalem. Josué, Zorobabel, Aggée et Zacharie ont fait leur part. Néhémie viendra achever l'œuvre de la restauration quelques années plus tard (445 av JC). Les deux hommes — Esdras et Néhémie — vont collaborer étroitement ensemble à l'œuvre de Dieu, chacun dans sa sphère de travail : Esdras dans l'enseignement de la Parole de Dieu, Néhémie en stimulant le peuple pour réparer la muraille et les portes de la cité. Le travail ne se fera pas sans difficulté : « luttes au dehors, craintes au-dedans ». Mais les dissensions parmi le peuple à l'intérieur, les intimidations et les attaques venant de l'extérieur, n'empêcheront pas le travail d'aller à son terme : la muraille sera achevée et l'on en fera la dédicace. Chacun ayant pris part à sa reconstruction, parfois même les armes à la main !

Les murailles nous parlent de séparation, de vigilance, et de protection. L'Eglise doit être séparée du monde quoique dans le monde, elle doit écouter la voix des sentinelles (ministères) sur la muraille et elle sera ainsi spirituellement en sécurité : « Je serai pour elle, dit l'Eternel, une muraille de feu tout autour ».

Oracle, parole de l'Eternel à Israël par Malachie (Malachie 1/1)

Bien du temps s'était écoulé et Néhémie avait dû s'absenter et revenir à Suse. Lorsqu'il revint (à Jérusalem), il vit à quel point le peuple de Dieu s'était relâché et avait sombré une nouvelle fois dans l'infidélité à l'égard des commandements de l'Eternel. C'est alors qu'apparaît le prophète Malachie, exhortant le peuple à revenir à Dieu et à sa Parole (au sujet du sabbat, des sacrifices, de la dîme et des offrandes, de la fidélité dans le mariage). Dieu veut qu'il y ait une différence entre le juste et le méchant, entre celui qui le sert et celui qui ne le sert pas. Le livre se termine par l'annonce du ministère de Jean-Baptiste, qui sera environ quatre siècles plus tard le dernier prophète de l'Ancienne Alliance, préparant le chemin du Seigneur Jésus-Christ. L'Ancien Testament a été un pédagogue pour nous conduire à Christ. D'abord l'appel d'Abraham et la formation du peuple d'Israël (par les descendants des douze fils de Jacob) ; puis de la tribu de Juda et de la famille de David viendra le Christ. Il y aura en tout quatorze générations depuis Abraham jusqu'à David, quatorze générations depuis David jusqu'à la déportation à Babylone, et quatorze générations depuis la déportation à Babylone jusqu'au Christ

de la naissance de Jésus à son ascension...

Voici de quelle manière arriva la naissance de Jésus-Christ (Matthieu 1/18)

Dans nos bibles, nous passons sans transition du prophète Malachie au ministère de Jean-Baptiste, le précurseur de Jésus. Des éléments historiques nous sont donnés dans le chapitre onze du prophète Daniel concernant la fin du royaume de Perse, le début de l'empire Grec et sa division en quatre territoires différents; puis l'émergence de l'empire Romain, sous le joug duquel se trouvait Israël à la naissance de Jésus (en l'an 750 de Rome).

Jésus est venu par un miracle de Dieu : « Voici, la vierge sera enceinte, elle enfantera un fils, et on lui donnera le nom d'Emmanuel, ce qui signifie Dieu avec nous », avait annoncé le prophète Esaïe. « Le mystère de la piété est grand : Dieu a été manifesté en chair ». « La Parole a été faite chair ». Dieu vient habiter parmi les hommes, non pas dans un splendide palais, mais dans une obscure étable. « Il n'y avait pas de place pour eux dans l'hôtellerie ». « Il est venu chez les siens, et les siens ne l'ont pas reçu ». Allons au devant de lui comme l'ont fait les bergers. Adorons-le comme l'a fait Siméon. Parlons de lui à tous ceux qui attendent une délivrance, comme l'a fait Anne ! Comme les mages, offrons-lui l'or de notre amour, l'encens de notre reconnaissance et la myrrhe de notre consécration.

Ne saviez-vous pas qu'il faut que je m'occupe des affaires de mon Père (Luc 2/49)

Hormis sa rencontre avec les docteurs de la loi dans le Temple de Jérusalem à l'âge de douze ans, nous ne savons rien de l'enfance et de l'adolescence de Jésus. Luc se contente de dire que « l'enfant croissait et se fortifiait. Il était rempli de sagesse et la grâce de Dieu était sur lui ».

Jésus avait donc conscience de sa filiation divine et cependant il a accepté et même désiré vivre la plus grande partie de sa vie ici-bas dans l'effacement et la soumission, se préparant dans le secret pour la grande mission que le Père lui avait confiée. Il est réconfortant de savoir que Jésus a connu les étapes essentielles de notre vie, qu'il a paru comme un simple homme, a été tenté comme nous en toutes choses, a connu les joies et les peines, le travail et la fatigue, les larmes…les plus petits détails de la vie quotidienne sans jamais perdre de vue sa vocation ! S'il avait été Dieu seulement il n'aurait pu nous comprendre ; s'il avait été homme seulement il n'aurait pu nous secourir ; mais il a été les deux à la fois et en même temps.

Que les affaires de la vie ne nous empêchent pas de nous occuper des affaires de notre Père. Ne perdons pas de vue notre vocation !

Au moment où il sortit de l'eau, il vit les cieux s'ouvrir, et l'Esprit de Dieu descendre sur lui comme une colombe (Marc 1/10)

La vie de Jésus ne nous est pas connue de l'âge de douze ans jusqu'au moment où il vient vers Jean-Baptiste au Jourdain vers l'âge de trente ans.
Le message de Jean-Baptiste était on ne peut plus clair : « Voici l'Agneau de Dieu qui ôte le péché du monde ». Pour un Juif habitué aux sacrifices sur l'autel des holocaustes cette déclaration de Jean résumait l'ensemble du message de l'Ancien Testament : le péché ne pouvait jamais être ôté, il était au mieux "couvert" ! Ainsi, dès le début de sa vie publique le ton est donné : Jésus vient pour s'offrir en sacrifice !

Non seulement Jean-Baptiste lui rendra témoignage, mais encore le Père lui-même : « Celui-ci est mon Fils bien-aimé en qui j'ai mis toute mon affection ». Né de l'Esprit, rempli de l'Esprit, il sera conduit par l'Esprit au désert ; et, après sa victoire sur le tentateur, il ira « de lieu en lieu faisant du bien et guérissant tous ceux qui étaient sous l'empire du diable, car Dieu était avec lui ».
Si Jésus a eu besoin du Saint-Esprit pour mener à bien l'œuvre que le Père lui avait confiée à combien plus forte raison en avons-nous besoin dans tous les aspects de notre service !

Il y eut des noces à Cana en Galilée. La mère de Jésus était là (Jean 2/1)

Jésus accomplit son premier miracle lors d'un mariage ! L'eau de purification extérieure sera transformée en vin (qu'il fallait goûter). C'est toute la différence entre l'Ancienne et la Nouvelle Alliance. L'une ne pouvait satisfaire que l'extérieur, l'autre réjouie l'intérieur, le coeur de l'homme ! C'est le premier miracle que le Seigneur se propose d'accomplir dans notre vie, c'est le point de départ de toute vie chrétienne authentique. La Nouvelle Alliance est, comme son nom l'indique, une union, un mariage. Ce qui compte dans une vie, c'est la présence de l'Epoux céleste : « Jésus fut aussi invité aux noces ». Heureux sont les jeunes mariés lorsqu'ils invitent Jésus dans leur foyer. Heureux sommes-nous dans notre vie de chaque jour lorsque nous la partageons avec l'Epoux divin. Quand les choses viennent à nous manquer, nous pouvons compter sur lui. Il ne transformera peut-être pas l'eau en vin dans notre cave, mais il transformera nos tristesses en joie, nos amertumes en douceur, nos découragements en force, nos ténèbres en lumière.
Faites tout ce qu'il vous dira, puis venez puiser en lui tout ce dont votre vie intérieure a besoin, que ce soit pour vous-mêmes ou pour vos "invités" !

Si un homme ne naît de nouveau, il ne peut voir le Royaume de Dieu (Jean 3/3)

Nous connaissons tous l'histoire de ce petit enfant qui s'ennuyait à la maison en l'absence de sa mère. Son père, voulant travailler tranquillement, lui proposa un jeu. Il déchira une carte du monde en de nombreux morceaux, les éparpilla sur le sol et incita son fils à reconstituer la carte de la terre. Le père, satisfait de son astuce, pensait avoir une bonne heure de calme, l'enfant étant nul en géographie. Mais au bout de cinq minutes, il s'écria : « C'est fini » ! Le père dut se rendre à l'évidence, mais il ne comprenait pas. « Papa, c'est tout simple. Derrière la carte, il y avait la silhouette d'un homme dessinée. En refaisant l'homme, j'ai refait le monde » ! Que d'efforts accomplis pour changer le monde, mais en vain : c'est le cœur de l'homme qui a besoin d'être changé ! Comment cela peut-il se faire ? Ce miracle, le Saint-Esprit l'accomplit en nous à l'instant où nous "regardons" au Fils de l'homme élevé sur la croix pour nos péchés. Au temps de Moïse, regarder au serpent d'airain était une question de survie sur la terre, lever nos yeux vers le Calvaire est pour nous une question de salut éternel ! S'il fait nuit dans notre âme venons, comme Nicodème, vers Jésus la lumière !

Dieu est Esprit, et il faut que ceux qui l'adorent, l'adorent en esprit et en vérité (Jean 4/24)

Jésus a annoncé la bonne nouvelle aux foules, mais il savait prendre le temps de le faire à une âme en particulier, comme il l'a fait pour Nicodème et ici pour la femme Samaritaine. Tout a été conduit par Dieu pour que cette femme rencontre le Sauveur : Jésus est venu au bon endroit, au bon moment, vers la bonne personne et avec le bon message ! Notre prière est que le Saint-Esprit nous conduise ainsi dans notre évangélisation personnelle ! Mais au-delà de cette réflexion, nous retenons cette exhortation de Jésus au sujet, non seulement de l'adoration en elle-même, mais de la qualité de l'adoration : adorer Dieu en esprit et en vérité. Elle ne dépend pas d'un lieu particulier (le mont Garizim ou la ville de Jérusalem), mais d'une relation intime et personnelle avec Dieu : c'est dans notre esprit que s'est produite la régénération, c'est au niveau de notre esprit que nous recevons les communications inspirées de Dieu, c'est notre esprit qui est en communion avec Dieu par le Saint-Esprit ; par conséquent, c'est « en esprit » ou « dans notre esprit » (1 Corinthiens 14/16 version Darby) que se réalise la "véritable" adoration, puisque Dieu est Esprit !

Jésus se retira dans la Galilée. Il quitta Nazareth, et vint demeurer à Capernaüm (Matthieu 4/12-13)

Après l'arrestation de Jean-Baptiste et l'hostilité des Juifs dans la synagogue de Nazareth, Jésus va désormais rayonner depuis la maison de Simon Pierre à Capernaüm en Galilée. Ce peuple assis dans les ténèbres verra une grande lumière se lever. On était frappé de son enseignement, car il parlait avec autorité. Dans la synagogue il va délivrer un homme possédé d'un esprit de démon impur ; en sortant il guérira la belle-mère de Simon Pierre qui souffrait d'une violente fièvre. Le soir même il imposera les mains à une multitude de malades et ils seront guéris.

Après la première pêche miraculeuse, il appellera à son service Jacques et Jean, fils de Zébédée, ainsi que Simon et André, associés dans la même entreprise de pêche ; un peu plus tard Matthieu se lèvera à son tour pour suivre le Maître. De retour à la maison on lui amènera un paralytique porté par quatre hommes. Après l'avoir assuré du pardon de ses péchés, Jésus le guérit entièrement et cet homme se leva, prit son lit et sortit en présence de tout le monde. Les gens disaient : « nous n'avons jamais rien vu de pareil » !
Comme le dit un chœur : « Il fait tout à merveille le meilleur des amis » !

Après cela, il y eut une fête des Juifs, et Jésus monta à Jérusalem (Jean 5/1)

Avant de poursuivre sa mission en Galilée, Jésus se rend à Jérusalem pour la deuxième Pâque de son ministère. A la piscine de Béthesda il va guérir un homme malade depuis trente huit ans. Comme cette guérison a eu lieu le jour du sabbat, les autorités religieuses vont vivement réagir à l'encontre de Jésus ; ce qui lui donnera l'occasion de déclarer dans son enseignement son égalité avec le Père. C'est sur ces deux points-là que désormais l'opposition contre Jésus va se focaliser après une première année plutôt populaire.

De retour en Galilée, après avoir choisi ses douze disciples, Jésus prononcera ce qu'il convient d'appeler "le sermon sur la montagne", repris intégralement dans les chapitres cinq à sept de Matthieu. Commençant par les béatitudes, Jésus dénoncera le formalisme religieux, enseignera sur le jeûne et la prière, mettra en garde sur les jugements et les faux prophètes, encouragera à la confiance en Dieu et conclura par la parabole de la maison bâtie sur le sable et celle bâtie sur le roc. La foule fut frappée à la fois par la simplicité et par la pertinence de son enseignement.

Ainsi les deux axes principaux de son ministère seront à la fois la guérison et l'enseignement.

Venez à moi, vous tous qui êtes fatigués et chargés, et je vous donnerai du repos (Matthieu 11/28)

Après la guérison du serviteur d'un centenier romain et la résurrection du fils de la veuve de Naïn, Jésus reçoit des disciples de Jean-Baptiste (emprisonné) avec un message de ce dernier : « Es-tu celui qui doit venir, ou devons-nous en attendre un autre » ? Etrange question de la part de celui qui avait annoncé que Jésus était l'agneau de Dieu ! Les souffrances et les épreuves peuvent parfois avoir un effet négatif sur notre foi. C'est alors que Jésus se met à guérir plusieurs personnes de maladies, d'infirmités, et d'esprits malins, et à rendre la vue à plusieurs aveugles dans le but de rassurer Jean-Baptiste et lui rappeler qu'il est bien le Messie promis !

Qu'aucun doute ne subsiste donc dans notre pensée : Jésus est bien ce qu'il prétendait être : le Fils de Dieu, le Sauveur du monde, le seul médiateur entre Dieu et les hommes. Ne restons pas avec notre fardeau de doutes. Venons à celui qui seul peut nous donner le repos de la foi.

« Il n'y a de salut en aucun autre ; car il n'y a sous le ciel aucun autre nom qui ait été donné parmi les hommes, par lequel nous devions être sauvés ».

Sur le soir, Jésus leur dit : Passons à l'autre bord…ils l'emmenèrent dans la barque où il se trouvait (Marc 4/35-36)

Jésus vient de prononcer au bord de la mer les sept paraboles du royaume des cieux : celle du semeur, de l'ivraie et du bon grain, du grain de sénevé et du levain, du trésor caché, de la perle de grand prix et du filet. Alors que Jésus et ses disciples se rendent sur l'autre rive, survient une tempête : les disciples sont dans la crainte, mais Jésus dort à la poupe sur le coussin ! Ils réveillent Jésus qui se rend aussitôt maître des éléments déchaînés et le calme revient ! Dès qu'ils arrivent sur l'autre rive, il vint au devant de Jésus un démoniaque qui vivait dans les sépulcres et qui se jette à ses pieds. Jésus chasse les démons de cet homme qui retrouve toute sa dignité. Jésus a toute autorité sur les puissances des ténèbres ! Etant de retour sur la rive ouest du lac de Galilée, il vint un homme nommé Jaïrus qui supplie Jésus de venir dans sa maison à cause de sa fille unique âgée d'environ douze ans qui se mourait. Chemin faisant il guérit une femme atteinte d'une perte de sang depuis douze ans et, enfin parvenu à la maison de Jaïrus…il saisit la main de la jeune fille et la ressuscite : Jésus est vainqueur de la maladie et même de la mort !

Allez, prêchez, et dites : Le royaume des cieux est proche…(Matthieu 10/7)

Après une dernière visite à Nazareth où il ne rencontre qu'incrédulité, Jésus réunit ses disciples, les qualifiant et les enseignant pour la mission qu'il leur confie. Tout comme Jésus, ils s'en vont de village en village, annonçant la bonne nouvelle et opérant partout des guérisons. Jésus, ayant appris le meurtre de Jean-Baptiste, décide, au retour des disciples, d'aller à l'écart dans un lieu désert. Beaucoup de gens les virent s'en aller et les reconnurent, et de toutes les villes on accourut à pied et on les devança au lieu où ils se rendaient. C'est l'époque de la troisième Pâque du ministère de Jésus. Il y avait là environ cinq mille hommes, sans compter les femmes et les enfants ; avec cinq pains d'orge et deux poissons Jésus va nourrir toute cette foule ! Puis Jésus, sachant qu'ils allaient venir pour le faire roi, se retira sur la montagne car son « heure » n'était pas encore venue ! Cette même nuit les disciples montent dans une barque pour se rendre à Capernaüm. Surpris par la tempête, ils seront secourus par le Seigneur à la quatrième veille de la nuit ; Pierre le téméraire sera délivré des grandes eaux ; le vent cessera.

Réalisons-nous, comme les disciples, que Jésus est véritablement le Fils de Dieu ?

Jésus s'en alla dans le territoire de Tyr et de Sidon…désirant que personne ne le sache (Marc 7/24)

Après être revenu à nouveau à Capernaüm, Jésus avait déclaré dans la synagogue qu'il était le pain vivant descendu du ciel et qu'il fallait manger de ce pain pour vivre éternellement. Les Juifs, recevant ces paroles au pied de la lettre, ont été pour la plupart indignés, ne comprenant pas que les paroles prononcées par Jésus étaient à prendre dans un sens spirituel. Beaucoup l'abandonnèrent ! Puis, dans une autre occasion, Jésus s'est mis à reprendre les pharisiens qui reprochaient aux disciples de prendre leur repas avec des mains impures ; il affirma alors que les véritables impuretés se trouvaient avant tout dans le cœur !

Sur le territoire de Tyr et de Sidon une femme, dont la fille était possédée d'un esprit impur entendit parler de Jésus. On ne sait par qui et de quelle manière. Le Seigneur se laisse trouver par ceux qui le cherchent de tout leur cœur. Devant la foi de cette femme, Jésus certifie que le démon est sorti de sa fille et, quand elle revint dans sa maison, elle trouva l'enfant couché sur son lit, le démon étant sorti. A son retour il guérira un sourd-muet, multipliera pour la seconde fois les pains pour une foule de quatre mille hommes et guérira un aveugle à Bethsaïda.

Pendant qu'il priait, l'aspect de son visage changea, et son vêtement devint d'une éclatante blancheur (Luc 9/29)

Jésus, dans le territoire de Césarée de Philippe, avait demandé à ses disciples : « Qui dit-on que je suis, moi, le Fils de l'homme » ? Pierre, entre autres, s'était écrié : « Tu es le Christ, le Fils du Dieu vivant ». Nul ne peut dire cela, si ce n'est par le Saint-Esprit ! C'est alors que Jésus a annoncé que sur le fondement de sa divinité son Eglise serait édifiée et qu'aucune puissance ne pourrait la détruire. Puis, donnant plus de précision, Jésus avait annoncé — pour la première fois — qu'il lui fallait auparavant mourir et ressusciter pour que cela devienne réalité. C'est alors que Pierre manifesta ses pensées humaines à ce sujet et qu'il fut sévèrement repris par le Seigneur.

Environ huit jours après Jésus fut transfiguré devant trois disciples (Pierre, Jacques et Jean) sur une haute montagne, Moïse et Elie apparaissant dans la gloire et parlant de son départ (futur) pour Jérusalem. N'y a-t-il pas ici une préfiguration de l'avènement de Jésus avec les morts en Christ ressuscités d'une part (représentés par Moïse) et des croyants enlevés d'autre part (représentés par Elie) ? En effet, un jour nous paraîtrons avec Christ dans la gloire !

La fête des Juifs, la fête des Tabernacles, était proche (Jean 7/2)

Après la transfiguration, Jésus, parcourant la Galilée, annoncera pour la deuxième fois à ses disciples sa mort et sa résurrection, mais ils ne comprenaient pas cela, et ils craignaient de l'interroger. Après s'être acquitté miraculeusement de l'impôt à l'entrée à Capernaüm, et avoir enseigné les disciples sur l'unité, le pardon et l'humilité, Jésus attend que la foule soit montée à Jérusalem pour y venir lui-même, mais comme en secret. Il ne paraîtra publiquement qu'au milieu de la fête pour enseigner. Les gens de la foule diront, à l'image des huissiers venus pour l'arrêter : « Jamais homme n'a parlé comme cet homme » ! Son heure n'ayant pas encore sonné, personne ne mettra la main sur lui.

Le dernier jour de la fête, Jésus dira à cette foule lassée de toutes ces cérémonies au Temple qui laissaient les cœurs vides et assoiffés d'autre chose : « Si quelqu'un a soif, qu'il vienne à moi, et qu'il boive ». Il pardonnera ensuite à la femme adultère et proclamera être la lumière du monde, réaffirmera sa divinité, guérira un aveugle de naissance et se présentera comme étant le bon berger. Quel Sauveur merveilleux nous avons en Jésus-Christ !

Lorsque le temps où il devait être enlevé du monde approchait…(Luc 9/51)

Jésus est vraisemblablement retourné en Galilée après la fête des Tabernacles. Mais son ministère dans cette contrée s'achève. Dans quelques mois, lors de la quatrième Pâque, une croix sera dressée sur le mont Golgotha, et Jésus s'offrira en sacrifice pour chacun de nous. Jésus le savait et il prend la résolution de se rendre à Jérusalem ! Seul Luc nous parle de cette longue "montée" de Jésus à Jérusalem, car elle se fera en plusieurs étapes. Après avoir réprimandé Jacques et Jean par rapport à leur attitude vis-à-vis des Samaritains, il choisit soixante-dix autres disciples et les envoie deux à deux pour le devancer, après les avoir enseignés. La compassion de Jésus exprimée par la parabole du bon Samaritain est connue de tous, ainsi que l'exhortation adressée à Marthe : « Marie a choisi la bonne part, qui ne lui sera point ôtée ». Il exhortera les disciples à attendre du Père le Saint-Esprit, se heurtera à nouveau aux critiques des pharisiens, mettra en garde contre toute avarice, exhortera à la vigilance et à la repentance. Cette première étape sera jalonnée par quelques délivrances, notamment d'une femme infirme depuis dix-huit années. Jésus laisse toujours derrière lui la bénédiction !

Jésus traversait les villes et les villages, enseignant, et faisant route vers Jérusalem (Luc 13/22)

A la question des disciples : « n'y a-t-il que peu de gens qui soient sauvés » ? Jésus leur répondra : « efforcez-vous d'entrer (vous-mêmes) par la porte étroite » ! Et aux menaces d'Hérode il soulignera le fait qu'il ne convient pas qu'un prophète périsse hors de Jérusalem ! Après avoir participé à la fête de la Dédicace à Jérusalem, Jésus se rend en Pérée de l'autre côté du Jourdain et là beaucoup croiront en lui. Il guérira un homme hydropique le jour du sabbat ; de grandes foules feront route avec lui. C'est dans cette contrée qu'il prononcera ces paraboles bien connues : la brebis perdue et retrouvée, la drachme perdue et retrouvée et surtout celle du fils prodigue perdu…et retrouvé ! La parabole de l'économe infidèle nous donnera matière à réfléchir sur ce qu'il convient de faire par rapport à nos semblables. Jésus lèvera le voile sur l'au-delà en parlant du mauvais riche et du pauvre Lazare, puis il dénoncera ceux qui parlaient du mariage et du divorce avec beaucoup de légèreté. Ensuite Jésus retourne brièvement en Judée pour ressusciter son ami Lazare (de Béthanie). Mais devant la menace des autorités religieuses il se retire un temps dans la contrée voisine du désert, dans une ville appelée Ephraïm.

**Jésus prit les douze auprès de lui, et leur dit : voici, nous montons à Jérusalem…
(Luc 18/31)**

Jésus sortira de sa retraite d'Ephraïm pour accomplir une dernière mission, tout au plus quelques semaines avant son arrestation. Passant entre la Galilée et la Samarie il guérira dix lépreux, parlera de son glorieux avènement en exhortant les disciples, au travers de la parabole du juge inique, à ne point se relâcher dans la prière. Il mettra l'accent sur les dispositions du cœur dans la prière (à l'image du publicain et du pharisien) car « quiconque s'élève sera abaissé, et celui qui s'abaisse sera élevé » ; en somme, rester humble comme un petit enfant ; vivant détaché des richesses comme ce fut le cas pour le jeune homme riche car il est plus facile à un chameau de passer par le trou d'une aiguille qu'à un riche d'entrer dans le royaume de Dieu. Il n'est pas trop tard pour répondre à l'appel du Maître, même si la onzième heure a sonné, car les derniers seront les premiers, et les premiers seront les derniers.

Jésus annonce alors pour la troisième fois tout ce qui va lui arriver tandis que les fils de Zébédée se préoccupent de la place qu'ils vont occuper dans le royaume ! Mais Jésus approche de Jéricho, guérit Bartimée, appelle Zachée et prononce la parabole des mines.

Six jours avant la Pâque, Jésus arriva à Béthanie, où était Lazare qu'il avait ressuscité des morts. Là on lui fit un souper (Jean 12/1)

C'est au cours de ce repas que Marie oignit les pieds de Jésus (un jour de sabbat). Le lendemain, le premier jour de la semaine pascale, Jésus fait son entrée à Jérusalem sur un ânon, le petit d'une ânesse. Jésus ne se fie pas à la foule en liesse : il pleure sur Jérusalem et entrevoit les terribles événements qui frapperont la ville en l'an 70 !

Le lundi Jésus purifiera le Temple de Jérusalem et les autres jours il enseignera dans les parvis de la Maison de Dieu : sur la prière de la foi, sur la parabole des vignerons, la pierre de l'angle, les paraboles des deux fils et du festin des noces, sur le tribut à César et la résurrection, sur le plus grand commandement, condamnant en passant l'attitude toujours plus hypocrite de la plupart des hommes religieux. Le sujet central sera néanmoins les signes de son avènement et de la fin de cet âge, exhortant les siens à veiller (au travers de la parabole des dix vierges) et à travailler (au travers de la parabole des talents). Jésus annonce également le jugement des nations à son retour en gloire. Deux jours avant la Pâque, à cause de l'incrédulité des gens, il se retirera à Béthanie où il sera oint à nouveau ; puis Judas alla le trahir pour trente pièces d'argent !

**Le premier jour des pains sans levain, où l'on devait immoler la Pâque, arriva…
(Luc 22/7)**

Jésus envoie Pierre et Jean au lieu où devait se dérouler la dernière Pâque de son ministère. C'est le jeudi soir. Les disciples cherchent à savoir qui est le plus grand et Jésus leur donne une leçon d'humilité en leur lavant les pieds ! La trahison de Judas étant dévoilée, Jésus institue la "Sainte Cène" qui se substituera à la Pâque, marquant ainsi le passage de l'Ancienne à la Nouvelle alliance en son sang. Après l'annonce du reniement de Pierre, Jésus s'entretient longuement avec ses disciples sur la paix, la communion (par la parabole du cep et des sarments) ; sur l'amour fraternel et la venue du Consolateur en rapport avec le départ de Jésus de ce monde. Puis vient la prière sublime du Souverain Sacrificateur — rapportée par l'apôtre Jean. Jésus annonce ensuite, pour la deuxième fois, le reniement de Pierre. Là-dessus, Jésus alla avec ses disciples dans un lieu appelé Gethsémané : la lutte spirituelle sera à son point culminant et sa sueur devint comme des grumeaux de sang. Les disciples endormis ne lui seront d'aucun secours, mais la victoire sera acquise car le Seigneur sera exaucé à cause de sa piété. La cohorte, le tribun, et les huissiers des Juifs, se saisirent alors de Jésus !

**Ils emmenèrent Jésus d'abord chez Anne ; car il était le beau-père de Caïphe
(Jean 18/13)**

Il fait nuit. Cette séance nocturne d'une partie du sanhédrin était illégale. Bien des choses d'ailleurs le seront dans ce procès ! Cette première confrontation n'ayant rien donné, Anne envoie Jésus lié à Caïphe, le souverain sacrificateur en exercice cette année-là. Sommé devant le sanhédrin, de dire s'il est le Christ, non seulement Jésus répond par l'affirmative mais annonce son règne futur, ce que les autorités religieuses ne supporteront pas d'entendre ! A trois reprises Simon Pierre va renier Jésus ; mais il va discerner dans le regard de Jésus, non pas un jugement, mais une profonde compassion ; étant sorti, il pleura amèrement sur son péché !

Dès le lendemain matin, le sanhédrin se réunit au grand complet confirmant vraisemblablement la sentence de la nuit, mais ne pouvant l'exécuter eux-mêmes, ils emmènent Jésus devant Ponce Pilate. Judas se suicide. Le gouverneur ne trouvant rien en Jésus qui fut digne de mort l'envoie vers Hérode qui le renvoie à nouveau vers Pilate ! Celui-ci cède à la pression des hommes religieux et, après avoir fait battre de verges Jésus, il le livre pour être crucifié ! Cette question demeure d'actualité pour chacun de nous : « Que ferai-je donc de Jésus » ?

Arrivés au lieu nommé Golgotha, ce qui signifie lieu du crâne…(Matthieu 27/33)

Jésus, épuisé, humilié, couronné d'épines, monte péniblement le Golgotha suivi de Simon de Cyrène, réquisitionné pour porter la croix de Jésus. Une foule immense se presse de part et d'autre du chemin et des femmes se frappent la poitrine. A l'insu de tous, soldats, hommes religieux, gens du peuple, puissances des ténèbres… l'évènement le plus extraordinaire, le plus marquant des annales de l'univers va se produire avec toutes les conséquences que l'on sait : le Fils de Dieu va mourir sur une croix entre deux malfaiteurs, accomplissant les prophéties, satisfaisant à la justice et la sainteté de Dieu et révélant l'amour éternel du Père pour des pécheurs comme vous et moi ! Il va mourir crucifié à la fois pour nous et à cause de nous. Les événements sont allés très vite en cette matinée d'avril de l'an 30 ; et vers midi jusqu'à trois heures de l'après-midi il y eut des ténèbres sur toute la terre. C'est alors que Jésus va mourir. Tout est accompli ! Le voile du Temple se déchire depuis le haut jusqu'en bas, la terre tremble, les rochers se fendent, les sépulcres s'ouvrent. Peu avant dix-huit heures arrivent Joseph d'Arimathée et Nicodème ; Jésus est descendu de la croix et mis au tombeau…

Pourquoi cherchez-vous parmi les morts celui qui est vivant ? Il n'est point ici, mais il est ressuscité (Luc 24/5)

Il y eut un grand tremblement de terre lorsqu'un ange est descendu ciel pour venir rouler la pierre de devant l'entrée du sépulcre et s'asseoir dessus.

Marie de Magdala s'est rendue à deux reprises au sépulcre le matin du jour de la résurrection. La première fois il faisait encore obscur; se rendant compte que la pierre avait été roulée, elle est aussitôt retournée en informer Pierre et Jean. Les autres femmes viennent à leur tour, alors que le soleil venait de se lever, et voient l'ange. Tandis que ces femmes retournent à la ville, Pierre et Jean se rendent au sépulcre suivis par Marie de Magdala, qui revient donc et, lorsqu'elle arrive Pierre et Jean sont déjà sur le retour. Elle voit alors deux anges, puis Jésus lui-même qu'elle prend pour le jardinier ! Ensuite Jésus vient à la rencontre des autres femmes qui revenaient du sépulcre. Les disciples prendront leur discours pour des rêveries ! Les gardes de leur côté établissent leur faux rapport. Il est probable que Jésus soit apparu à Simon Pierre alors qu'il retournait chez lui.

Les faits sont là, simples mais vrais : Jésus est ressuscité ! Quelle espérance vivante pour chacun d'entre nous !

Il fallait que s'accomplisse tout ce qui est écrit de moi dans la loi de Moïse, dans les prophètes, et dans les Psaumes (Luc 24/44)

Le soir du premier jour de la semaine Jésus apparaît aux deux disciples d'Emmaüs qui reviennent aussitôt à Jérusalem trouvant les onze et les autres assemblés avec eux. Jésus leur apparaît, leur montrant ses mains et son côté, souffle sur eux (littéralement "en" eux), et leur dit : « Recevez le Saint-Esprit ». Ce n'est pas encore le baptême du Saint-Esprit, mais ils en reçoivent les prémices ! Huit jours après Jésus apparaît de nouveau aux disciples, Thomas, absent la première fois, doit se rendre à l'évidence : il est confondu devant le Seigneur. Ses doutes disparaissent. Il croit et adore !

Jésus apparaîtra encore aux disciples sur les bords de la mer de Tibériade après la (deuxième) pêche miraculeuse, réhabilitant Simon Pierre et lui annonçant son avenir personnel. De retour en Galilée Jésus apparaît à plus de cinq cent frères à la fois, puis à Jacques. Sur la montagne qu'il leur avait désignée Jésus leur confie la mission de répandre la bonne nouvelle au monde entier avec l'assurance de sa présence et de son aide. De retour à Béthanie Jésus leur promet la puissance du Saint-Esprit, puis il est enlevé au ciel !

de Jérusalem à Rome…

Le jour de la Pentecôte, ils étaient tous ensemble dans le même lieu (Actes 2/1)

Cinquante jours après la Pâque et dix jours après l'Ascension, les disciples de Jésus, environ cent vingt, sont baptisés dans le Saint-Esprit dans la chambre haute et se mettent à parler en d'autres langues, selon que l'Esprit leur donnait de s'exprimer. Il y a un lien direct entre l'Ascension, la glorification de Jésus, et le baptême du Saint-Esprit : « Celui qui croit en moi, des fleuves d'eau vive couleront de son sein, comme dit l'Ecriture. Il (Jésus) dit cela de l'Esprit que devaient recevoir ceux qui croiraient en lui ; car l'Esprit n'était pas encore (répandu), parce que Jésus n'avait pas encore été glorifié ». C'est Jésus souverainement élevé et glorifié dans le Ciel à la droite de Dieu qui baptise les croyants dans le Saint-Esprit. Mais plus en amont il y a l'œuvre du Calvaire, ne l'oublions pas ! Parce que le sang a été répandu, l'huile précieuse peut maintenant descendre et oindre ceux qui sont nés de nouveau. Le Saint-Esprit glorifie Jésus et non l'homme et nous conduit dans l'adoration ; ramène les cœurs vers les Saintes Ecritures ; inspire nos prières ; nous conduit dans le témoignage : « Vous recevrez une puissance, le Saint-Esprit survenant sur vous, et vous serez mes témoins ».

Ils persévéraient dans l'enseignement des apôtres, dans la communion fraternelle, dans la fraction du pain, et dans les prières (Actes 2/42)

La première prédication de Pierre, centrée sur l'œuvre de Jésus-Christ, a ouvert la porte de la grâce à trois mille âmes. La prophétie de Jésus s'accomplit : « Je vous ferai pêcheurs d'hommes ». Nul doute que ces nouveaux convertis issus « de toutes les nations qui sont sous le ciel » apporteront dans leur région respective le message de l'Evangile. Certains d'entre eux seront peut-être à l'origine de la formation de l'Eglise de Rome. Quoi qu'il en soit, ceux de Jérusalem avaient compris la nécessité de persévérer dans les voies de Dieu. La conversion à Jésus-Christ ne fait pas de nous des solitaires, mais elle nous introduit dans « le corps de Christ » qu'est l'église locale. C'est là qu'il nous est possible d'entendre la Parole de Dieu, de rencontrer les autres croyants, de le signifier en participant à la fraction du pain et de prier les uns pour les autres. Les premiers chrétiens n'étaient pas autorisés à construire des lieux de culte pour se réunir, aussi le faisaient-ils dans les maisons. Ils ne vivaient donc pas en communauté dans le sens littéral du terme, néanmoins ils avaient tout en commun. N'idéalisons pas !

Il faut obéir à Dieu plutôt qu'aux hommes (Actes 5/29)

Tout serviteur accompli sera comme son Maître. Les autorités religieuses s'en prennent aux disciples de Jésus. Après la guérison du boiteux de naissance à la porte du Temple, Pierre et Jean ont saisi l'occasion d'enseigner le peuple au grand déplaisir des sacrificateurs et des sadducéens qui les ont fait jeter en prison. Sommés de s'expliquer ils seront relâchés devant l'évidence des faits, mais défense leur sera signifiée de parler désormais de Jésus ! C'était mal les connaître : après avoir été relâchés et avoir prié avec les leurs… « ils rendaient avec beaucoup de force témoignage de la résurrection de Jésus ». Après la douloureuse affaire d'Ananias et de Saphira, les apôtres seront à nouveau arrêtés, emprisonnés, mais cette fois-ci délivrés de la prison…par un ange du Seigneur ! Battus de verges, ils poursuivront leur mission : « Chaque jour, dans le Temple et dans les maisons, ils ne cessaient d'annoncer la bonne nouvelle de Jésus-Christ ». Luttes au dehors, craintes au-dedans caractérisent, non seulement le début de l'histoire de l'Eglise, mais son histoire en général ! Mais l'œuvre progresse : des miracles et des guérisons sont à relever, et des multitudes sont sauvées et ajoutées à l'Eglise du Seigneur.

Saul avait approuvé le meurtre d'Etienne (Actes 8/1)

Etienne, premier martyr de l'histoire de l'Eglise, est accueilli par Jésus dans le Ciel à la droite de Dieu ; il recevra un jour la couronne de vie ! Il n'aura pas le temps d'achever son merveilleux témoignage retraçant l'histoire d'Israël, mais d'autres voix se feront entendre : celles des chrétiens dispersés à cause de la persécution et celle de Philippe l'évangéliste à Samarie. Celui-ci ne prêchera pas seulement l'évangile aux foules, mais, à l'image de son Seigneur, à une âme en particulier sur le chemin qui descend de Jérusalem à Gaza. Le ministre Ethiopien sera le premier converti africain ! Peut-être un de nos lecteurs est-il hésitant vis-à-vis du baptême et se pose-t-il la question suivante : « Qu'est-ce qui empêche que je sois baptisé » ? La réponse de Philippe est on ne peut plus simple : « Si tu crois de tout ton cœur, cela est possible ». « Et maintenant, pourquoi tardes-tu ? Lève-toi, sois baptisé, et lavé de tes péchés, en invoquant le nom du Seigneur ». Quand à Saul de Tarse, qui avait approuvé le meurtre d'Etienne, il sera brisé et confondu sur le chemin de Damas par l'homme de Galilée. Le plus grand persécuteur deviendra le plus grand défenseur de la foi chrétienne. L'Eglise n'a pas prié en vain !

Pierre…était gardé dans la prison ; et l'Eglise ne cessait d'adresser pour lui des prières à Dieu (Actes 12/5)

La persécution et la progression de l'Evangile allaient de pair. Jacques, frère de Jean venait d'être décapité. Pierre attendait son sort dans la prison. L'apôtre des Juifs avait eu la vision de la révélation de l'amour de Dieu pour les païens, et avait été l'instrument de Dieu pour le salut de Corneille et des siens. Le voilà à nouveau en prison, seul cette fois. Barnabas et Saul se trouvent à Jérusalem au même moment car ils étaient les envoyés de l'église d'Antioche pour apporter un secours matériel aux chrétiens de Judée. Etaient-ils présents cette nuit-là dans la maison de Jean-Marc avec l'Eglise en prière ? Le texte ne le précise pas.

Alors que Pierre dort paisiblement, l'Eglise prie ! La réponse de Dieu ne se fera pas attendre : un ange du Seigneur survint…la suite est glorieuse. Mais une question se pose : Pourquoi Pierre est-il délivré alors que Jacques ne l'a pas été ? La question reste posée. Nous n'avons pas de réponse définitive. Pourquoi dans nos assemblées, l'un est-il guéri, et l'autre non ? Nous pouvons, évidemment, mettre en relief la souveraineté de Dieu, mais n'est-il pas préférable de nous poser cette question : suis-je prêt à partir aujourd'hui ?

Jacques, serviteur de Dieu et du Seigneur Jésus-Christ, aux douze tribus qui sont dans la dispersion…(Jacques 1/1)

Aux chrétiens issus du Judaïsme, Jacques le demi-frère de Jésus, adresse une lettre pleine d'exhortations pratiques, invitant les croyants à une foi vivante : dans la prière, demander sans douter ; au sujet de l'accueil, notre foi doit être exempte de tout favoritisme ; au niveau de la détresse de certains chrétiens, notre foi doit se traduire par de la générosité ; en cas de maladie, c'est la prière de la foi qui sauve le malade. La foi sans les œuvres est inutile : « La religion pure et sans tache, devant Dieu notre Père, consiste à visiter les orphelins et les veuves dans leurs afflictions, et à se préserver des souillures du monde ». La foi se manifeste également dans le domaine du langage : elle nous permet de tenir notre langue en bride et d'attendre patiemment le retour du Seigneur, en dépit de toutes sortes d'injustices, sans nous plaindre les uns des autres.

Cette parole de l'apôtre Jean peut résumer parfaitement l'enseignement de cette lettre de Jacques : « Petits enfants, n'aimons pas en paroles et avec la langue, mais en actions et avec vérité. Par là nous connaîtrons que nous sommes de la vérité, et nous rassurerons nos cœurs devant lui ».

Mettez-moi à part Barnabas et Saul pour l'œuvre à laquelle je les ai appelés (Actes 13/2)

Les hommes de Dieu, au service de Dieu, ont besoin de la direction de Dieu ! Ils la recevront pendant un temps de jeûne et de prière. Ce premier "voyage missionnaire", qui durera environ deux années (46-48), les conduira à Chypre, à Perge en Pamphylie, à Antioche de Pisidie, à Icône, à Lystre, à Derbe…puis retour à Antioche (de Syrie), leur point de départ. Au début les apôtres prêchaient essentiellement dans les synagogues des Juifs, mais devant l'endurcissement de ces derniers, ils se sont tournés vers les païens. « Après leur arrivée, ils convoquèrent l'Eglise, et ils racontèrent tout ce que Dieu avait fait avec eux, et comment il avait ouvert aux nations la porte de la foi ».

Mais à nouveau une difficulté surgira de l'intérieur : quelques-uns du parti des pharisiens, venus de Judée à Antioche, exigèrent que les païens qui avaient cru soient circoncis et observent la loi de Moïse. Cette question fut débattue à Jérusalem lors d'une conférence avec les apôtres, les anciens et l'Eglise. Après un vif échange, une lettre fut rédigée à l'adresse des frères d'Antioche et ceux-ci furent réjouis de l'encouragement qu'elle leur apportait.

Ayant été empêchés par le Saint-Esprit d'annoncer la parole dans l'Asie… (Actes 16/6)

« Il y a dans le cœur de l'homme beaucoup de projets ». Ayant eu un différend avec Barnabas au sujet de Jean-Marc, Paul choisit Silas pour son deuxième "voyage missionnaire". Son but était de revoir quelques-unes des églises fondées lors du premier voyage, mais aussi d'étendre le champ d'action en évangélisant d'autres régions. Ils se rendirent donc à Derbe et à Lystre où ils s'adjoindront Timothée ; sensibles à la direction de l'Esprit ils traverseront la Phrygie et le pays de Galatie… franchiront la Mysie jusqu'à Troas, là où Paul recevra la vision du Macédonien, et où Luc les rejoindra. Après avoir fait voile vers la Samothrace, ils ont débarqué à Néapolis avec comme objectif la ville de Philippes de Macédoine. Après la conversion de Lydie et la délivrance de la servante qui avait un esprit de Python, Paul et Silas ont été jetés en prison…où une succession de miracles aboutira à la conversion du geôlier et de sa famille ! Libérés, ils se rendront dans la maison de Lydie qui a vraisemblablement servi de lieu de réunion pour l'église naissante de Philippes, avec peut-être Luc pour les aider un temps. Voilà les résultats quand on se laisse conduire par le Saint-Esprit !

Ces gens, qui ont bouleversé le monde, sont aussi venus jusqu'ici (Actes 17/6)

Le deuxième "voyage missionnaire" se poursuit et Paul, Silas, et Timothée passent par Amphipolis et Apollonie, puis ils arrivent à Thessalonique. Là, au sein d'une persécution violente, une belle assemblée verra le jour ; et ce sera au tour de la ville de Bérée d'entendre la bonne nouvelle. Les Juifs de cette ville avaient des sentiments plus nobles que ceux de Thessalonique. Tandis que Paul se faisait conduire jusqu'à Athènes, Silas et Timothée ont aidé à la mise en route des églises de Bérée et de Thessalonique. Après la Macédoine ce sera à Athènes, en Grèce, que Paul apportera la Parole de Dieu, avec peu de résultats semble-t-il. Puis il partit d'Athènes, et se rendit à Corinthe où Silas et Timothée l'ont rejoint. Là, tout fut différent ; Paul y restera un an et six mois, encouragé par le Seigneur qui lui dit dans une vision pendant la nuit : « Ne crains point ; mais parle, et ne te tais point…j'ai un peuple nombreux dans cette ville ». Paul embarquera ensuite à Cenchrées pour la Syrie via Ephèse y laissant Silas et Timothée. Il partit d'Ephèse et, étant débarqué à Césarée, il monta à Jérusalem, et, après avoir salué l'Eglise, il descendit à Antioche. Ce deuxième "voyage" a duré un peu plus de deux années (50/52).

Paul, Silvain (Silas) et Timothée, à l'Eglise des Thessaloniciens (1 et 2 Thessaloniciens 1/1)

Pendant son séjour à Corinthe, et après le retour de Silas et Timothée, Paul apprend que l'église de Thessalonique connaît certaines difficultés d'ordre moral et doctrinal. Il écrit, coup sur coup, à cette jeune église, deux lettres pour éclairer les frères et les encourager. Nous avons donc ici les premières épîtres de l'apôtre ! Dans l'une comme dans l'autre, Paul met l'accent sur le retour de Jésus. Nous sommes convertis « pour attendre des cieux son Fils ». Que nos cœurs « soient irréprochables dans la sainteté devant Dieu notre Père, lors de l'avènement de notre Seigneur Jésus-Christ avec tous ses saints ». L'apôtre fait bien la différence entre l'enlèvement de l'Eglise d'une part, et le retour en gloire de Jésus d'autre part. A l'enlèvement, Jésus vient *pour* les saints, à son retour en gloire il vient *avec* les saints. L'enlèvement est un événement qui peut survenir à tout moment, sans l'accomplissement d'un signe particulier, tandis que la venue de Jésus pour le règne ne peut survenir tant que les prédictions de Jésus dans son discours sur les temps de la fin ne sont pas accomplies. « Dieu ne nous a pas destinés à la colère, mais à la possession du salut par notre Seigneur Jésus-Christ » !

Lorsqu'il eut passé quelque temps à Antioche, Paul se (re)mit en route (Actes 18/23)

Le récit du livre des Actes nous montre que Paul est en réalité le leader d'une véritable équipe de missionnaires : Gaïus de Derbe, Aristarque et Segond de Thessalonique, Sopater de Bérée, Timothée, Tychique et Trophime d'Asie (Mineure) …pour ne citer que ceux-là.

Il nous est facile de suivre l'itinéraire de ce troisième "voyage missionnaire" (53/58) : Tout d'abord la Galatie, la Phrygie, puis Ephèse (où il travaillera environ trois années).
C'est alors qu'il était à Ephèse que Paul reçoit des Corinthiens un écrit lui posant plusieurs questions ; il apprend en même temps qu'ils sont plus ou moins divisés entre eux. Il leur écrit pour répondre à leurs questions et pour leur recommander l'unité. La lettre suscitera des réactions, aussi Paul enverra-t-il Tite à Corinthe.

D'autre part certains docteurs Juifs étaient venus enseigner dans les églises de Galatie (comme certains l'avaient fait à Antioche), que les Gentils (les païens) ne pouvaient devenir chrétiens sans observer la loi de Moïse. Ayant reçu ces nouvelles inquiétantes, l'apôtre écrit également aux églises de la Galatie pour rétablir la vérité.

Paul, apôtre, non de la part des hommes, ni par un homme, mais par Jésus-Christ et Dieu le Père…aux Eglises de la Galatie (Galates 1/1-2)

« C'est pour la liberté que Christ nous a affranchis ».
Ne nous replaçons pas sous le joug de la loi, vivons dans la grâce ! « La loi a été donnée par Moïse — et pour le peuple d'Israël — la grâce et la vérité sont venues par Jésus-Christ » — et pour chaque être humain. « Mon joug est doux, et mon fardeau léger », disait le Seigneur qui nous a rachetés de la malédiction de la loi étant devenu malédiction pour nous au Calvaire ! Les Galates avaient fait le bon choix et ne devaient pas se laisser influencer par l'enseignement de faux docteurs judaïsants. Il n'y a rien de commun entre la révélation intérieure par l'Esprit et le don extérieur de la loi, entre les œuvres de la chair et le fruit de l'Esprit, entre la circoncision du cœur et celle dans la chair, entre la Jérusalem terrestre qui est dans la servitude et la Jérusalem céleste qui est libre. L'Ancienne Alliance a fait place à la Nouvelle. Ce qui compte, ce n'est pas l'observation des jours (de fête du calendrier Juif), ou l'observation de tel rite extérieur ; « ce qui est quelque chose, c'est d'être une nouvelle créature. Paix et miséricorde sur tous ceux qui suivront cette règle, et sur l'Israël de Dieu » !

Paul, appelé à être apôtre de Jésus-Christ par la volonté de Dieu…à l'Eglise de Dieu qui est à Corinthe (1 Corinthiens 1/1)

Paul avait posé le fondement de cette Eglise, tel un sage architecte. Si les Corinthiens avaient été les premiers destinataires de cette lettre, elle a aussi été écrite pour l'Eglise d'aujourd'hui ! N'avons-nous pas également besoin d'unité ? Nous avons besoin de respecter et d'apprécier les différents ministères.

N'avons-nous pas besoin de redécouvrir l'origine divine des choses de Dieu ? « Ce sont des choses que l'œil n'a point vues, que l'oreille n'a point entendues, et qui ne sont point montées au cœur de l'homme, des choses que Dieu a préparées pour ceux qui l'aiment ». De reconsidérer tout à nouveau la sainteté de la vie chrétienne, la valeur du mariage…

D'avoir l'attitude qui convient lors de la "Sainte Cène". D'aspirer aux différents dons de l'Esprit en vue de l'édification, de l'exhortation et de la consolation du peuple de Dieu. De tenir ferme sur les valeurs de base : « Je vous rappelle, frères, l'évangile que je vous ai annoncé, que vous avez reçu ». De travailler « de mieux en mieux à l'œuvre du Seigneur, sachant que notre travail ne sera pas vain dans le Seigneur », croyant de tout notre cœur à la résurrection d'entre les morts de tous les membres du corps de Christ.

Paul réunit les disciples, et, après les avoir exhortés, prit congé d'eux, et partit pour aller en Macédoine (Actes 20/1)

« Il survint à cette époque, un grand trouble au sujet de la voie du Seigneur ». Quand le Saint-Esprit agit, le diable rugit ! A partir d'Ephèse, les disciples avaient abondamment répandu l'Evangile dans toute l'Asie (Mineure). De plus, Paul avait formé nombre de disciples dans l'école d'un nommé Tyrannus. De nombreux miracles s'étaient produits…bien des gens se sont détournés du culte idolâtre et ténébreux de la "déesse Diane" — vraisemblablement l'ancêtre lointain du culte marial, proclamant Marie "la Mère de Dieu" au concile d'Ephèse en 431 et appelée plus tard "Reine du ciel" !

Paul avouera avec Timothée : « Nous ne voulons pas, en effet, vous laisser ignorer, frères, au sujet de la persécution qui nous est survenue en Asie (à Ephèse), que nous avons été excessivement accablés, au-delà de nos forces, de telle sorte que nous désespérions même de conserver la vie. Et nous regardions comme certain notre arrêt de mort…*mais Dieu nous a délivrés* ». Paul, comprenant que son séjour à Ephèse prenait fin, se dirigea donc vers la Macédoine, et de là il écrira sa deuxième lettre aux Corinthiens.

Paul, apôtre de Jésus-Christ par la volonté de Dieu, et le frère Timothée, à l'Eglise de Dieu qui est à Corinthe (2 Corinthiens 1/1)

Paul avait reçu des nouvelles de Tite, qui revenait de Corinthe, l'informant que sa première lettre (écrite quelques mois plus tôt) y avait fait finalement beaucoup de bien. Cependant il y avait encore quelques membres influents de l'église qui niaient l'authenticité du ministère apostolique de Paul. Il va donc "défendre" son ministère ; et il prévoit d'arriver lui-même à Corinthe sous peu. Que le lecteur découragé relise tout à nouveau les chapitres trois et quatre de cette belle épître de l'apôtre et qu'il se laisse transformer intérieurement par l'Esprit du Seigneur devant la face de Dieu dans le sanctuaire céleste ! Qu'il se réjouisse également de ce que Dieu lui réserve aux cieux : un corps nouveau qui ne sera plus sujet aux infirmités et aux douleurs d'ici-bas. En attendant, qu'il reprenne courage, car « même si notre homme extérieur se détruit, notre homme intérieur se renouvelle de jour en jour ». Et même s'il ne nous est pas donné de faire la merveilleuse expérience de Paul — enlevé au Paradis en la présence de Dieu — qu'il reçoive cette parole que le Seigneur lui adresse : « Ma grâce te suffit, car ma puissance s'accomplit dans la faiblesse » !

Il se rendit en Grèce, où il séjourna trois mois (Actes 20/3)

Paul avait écrit aux Corinthiens à la fin de sa première lettre : « J'irai chez vous quand j'aurai traversé la Macédoine, car je traverserai la Macédoine. Peut-être séjournerai-je auprès de vous, ou même y passerai-je l'hiver, afin que vous m'accompagniez là où je me rendrai ».

Comme il l'avait prévu, Paul arrive donc à Corinthe. C'est pendant ce séjour qu'il rédigera sa lettre pour l'église de Rome (hiver 57/58). Paul était à la fin de son troisième "voyage missionnaire", à la veille de son départ pour Jérusalem où il devait apporter le produit d'une collecte en faveur des pauvres : « Maintenant je vais à Jérusalem, pour le service des saints. Car la Macédoine et l'Achaïe ont bien voulu s'imposer une contribution en faveur des pauvres parmi les saints de Jérusalem ».

Une femme appelée Phoebé, de Cenchrées, faubourg et port de Corinthe, allait partir en bateau pour Rome. Paul profita de l'occasion pour lui confier sa lettre. Cette épître représente un véritable traité doctrinal dont le thème central est le salut pour tous par la foi en Christ. Nous savons que l'apôtre a souvent formé le désir d'aller à Rome. Il s'y rendra plus tard, en effet, mais dans des conditions qu'il n'avait pas du tout prévues !

Paul, serviteur de Jésus-Christ…à tous ceux qui, à Rome, sont bien-aimés de Dieu (Romains 1/1-7)

Trois mots-clés caractérisent cette lettre : "justification", "sanctification", "glorification". En d'autres termes nous pourrions dire que cela concerne : le *pardon* des péchés, la *délivrance* du péché et la *disparition* du péché. L'Ecriture nous parle d'un salut parfait, mais réalisé pour le pécheur en trois étapes distinctes dans le temps : passé, présent, et à venir. Le salut est un processus qui a commencé, mais qui n'est pas encore achevé. Autrement dit, *nous avons été sauvés* de la pénalité du péché, par la foi en Jésus-Christ mort au Calvaire, c'est ce que l'épître de Paul aux Romains appelle "la justification". Ensuite nous pouvons dire que *nous sommes en train d'être sauvés* de la puissance du péché, par notre identification à Jésus-Christ mort, enseveli et ressuscité, c'est ce que cette lettre appelle "la sanctification". Enfin *nous serons sauvés* de la présence même du péché, par "la glorification" lors du retour du Seigneur, car nous serons semblables à lui. « Ceux qu'il a appelés, il les a aussi justifiés ; et ceux qu'il a justifiés, il les a aussi glorifiés ».
Et dès à présent il n'y a plus « aucune condamnation pour ceux qui sont en Jésus-Christ ».

Lorsque nous arrivâmes à Jérusalem, les frères nous reçurent avec joie (Actes 21/17)

Après son séjour de trois mois en Grèce, Paul envisage « de s'embarquer pour la Syrie, quand les Juifs lui dressèrent des embûches. Alors il se décida à reprendre la route de la Macédoine ». Il arrivera à Troas (où Luc va le rejoindre et où Eutychus sera ressuscité), puis ce sera Assos, Mytilène, Samos, Milet (où Paul adressera un message pathétique aux anciens d'Ephèse), puis Cos, Rhodes, Patara, Tyr, Ptolémaïs, Césarée (dans la maison de Philippe l'évangéliste), et enfin son arrivée à Jérusalem.

Mais l'apôtre sera arrêté et transféré à Césarée où il passera deux années en prison. Là s'accomplit pour Paul cette parole de Jésus : « Vous serez menés, à cause de moi, devant des gouverneurs et devant des rois, pour servir de témoignage à eux et aux païens ».

Paul, qui en avait appelé à César, sera remis avec d'autres prisonniers (dont Luc, Aristarque, et d'autres probablement) à un centenier de la cohorte Auguste, nommé Julius. Embarqués pour l'Italie, et après une escale à Myra – et une traversée de la méditerranée pour le moins mouvementée – ils firent naufrage devant Malte mais aucun des 276 passagers ne périt !

Lorsque nous fûmes arrivés à Rome, on permit à Paul de demeurer dans un domicile particulier, avec un soldat qui le gardait (Actes 28/16)

Après un séjour de trois mois sur l'île de Malte, ils ont embarqué sur un navire d'Alexandrie et ont abordé à Syracuse (alors capitale de la Sicile) où ils sont restés trois jours, puis ils ont repris la mer jusqu'à Reggio (à l'extrémité sud-ouest de l'Italie) et le lendemain ils ont abordé à Pouzzoles (près de Naples) « où nous trouvâmes des frères qui nous prièrent de passer sept jours avec eux. Et c'est ainsi que nous allâmes à Rome. De Rome vinrent à notre rencontre, jusqu'au Forum d'Appuis (à 64 km de Rome) et aux Trois-Tavernes (hôtellerie à 49 km de Rome) les frères qui avaient entendu parler de nous. Paul, en les voyant, rendit grâces à Dieu, et prit courage », précise Luc. Arrivé dans la capitale de l'empire, Paul fut retenu prisonnier durant deux années, jouissant malgré tout d'une certaine liberté qu'il mit à profit pour annoncer le royaume de Dieu et pour écrire quatre lettres : l'épître aux Ephésiens, celles aux Philippiens et aux Colossiens, et son exhortation fraternelle à Philémon au sujet d'Onésime.
En trente années environ (de 30 à 60) l'Evangile a été répandu de Jérusalem à Rome !

Paul, apôtre de Jésus-Christ par la volonté de Dieu, aux saints qui sont à Ephèse (Ephésiens 1/1)

Dans cette lettre, d'une haute teneur spirituelle, l'apôtre nous rappelle qu'en Christ « Dieu nous a élus avant la fondation du monde » ; qu'il nous a ressuscités avec Christ, « et nous a fait asseoir ensemble dans les lieux célestes ». C'est par la grâce, écrira-t-il, que nous sommes sauvés, par le moyen de la foi. Il n'y a plus de différence entre le Juif et le non Juif, puisque par la croix le mur de séparation est tombé : « nous avons les uns et les autres accès auprès du Père par le même Esprit ». Qui pourra décrire la largeur, la longueur, la profondeur et la hauteur de l'amour de Dieu ? Cela doit avoir des conséquences dans nos relations les uns avec les autres, que ce soit dans le cercle familial, le milieu professionnel et à plus forte raison dans le contexte de l'église locale. Le Seigneur Jésus glorifié ne donne-t-il pas les ministères nécessaires à l'Eglise pour son édification ? Au reste, fortifions-nous dans le Seigneur, et par sa force toute puissante. Revêtons-nous de toutes les armes de Dieu, afin de tenir ferme contre les ruses du diable, car nous n'avons pas à lutter contre des ennemis terrestres mais spirituels ! Combattons le bon combat !

Paul et Timothée, serviteurs de Jésus-Christ, à tous les saints qui sont à Philippes (Philippiens 1/1)

Un lien très étroit unissait Paul à l'église de Philippes : «Dieu m'est témoin que je vous chéris tous avec la tendresse de Jésus-Christ », disait-il. A plusieurs reprises, il les appelle « bien-aimés ». Cette assemblée avait, en plusieurs occasions, manifesté son amour en soutenant l'apôtre : « Vous m'envoyâtes, déjà à Thessalonique, et à deux reprises, de quoi pourvoir à mes besoins ». En prison à Rome, Paul n'était pas oublié de ses bien-aimés : « J'ai tout reçu, et je suis dans l'abondance ; j'ai été comblé de biens, en recevant par Epaphrodite ce qui vient de vous comme un parfum de bonne odeur ». De son côté Paul les exhorte à mettre toute leur confiance dans le Seigneur : « Ne vous inquiétez de rien ; mais en toute chose faites connaître vos besoins à Dieu par des prières et des supplications, avec des actions de grâces ». Il leur recommande également de se réjouir dans le Seigneur, leur assurant que celui qui a commencé en eux l'œuvre de la grâce, la mènera à son terme. Mais par-dessus tout Paul met à l'honneur Jésus, qui s'est dépouillé lui-même, se rendant obéissant jusqu'à la mort de la croix, et qui a été souverainement élevé dans la gloire !

Paul, apôtre de Jésus-Christ…aux saints et fidèles frères en Christ qui sont à Colosses (Colossiens 1/1)

De la même veine que la lettre aux Ephésiens, cette lettre de Paul exalte la personne et l'œuvre de Jésus : « Le Fils est l'image du Dieu invisible…car en lui ont été créées toutes les choses qui sont dans les cieux et sur la terre…il est avant toutes choses… Dieu a voulu faire habiter toute plénitude en lui » ; « il a effacé l'acte dont les ordonnances nous condamnaient et qui subsistait contre nous, et il l'a éliminé en le clouant à la croix ; il a dépouillé les dominations et les autorités, et les a livrées publiquement en spectacle, en triomphant d'elles par la croix ». Paul dirige les regards des Colossiens vers les choses d'en haut, où Christ est assis à la droite de Dieu leur rappelant leur espérance : « Quand Christ, votre vie, paraîtra, alors vous paraîtrez aussi avec lui dans la gloire ».

Dans ses lettres de captivité Paul ne s'apitoie pas sur son sort, il sait qu'il est « le prisonnier de Jésus-Christ » avant tout ; ce qu'il a écrit aux chrétiens de Rome en son temps, il le vit réellement : « Nous savons, du reste, que toutes choses concourent au bien de ceux qui aiment Dieu ». Il dira néanmoins : « souvenez-vous de mes liens » ; l'Ecriture dit : « Souvenez-vous des prisonniers » !

Paul, prisonnier de Jésus-Christ, et le frère Timothée, à Philémon (Philémon 1)

Philémon, fidèle membre de l'Eglise de Colosses, avait un esclave du nom d'Onésime. Celui-ci l'avait quitté et s'était enfui à Rome, où, par la providence divine il avait été mis en contact avec l'apôtre ! Touché par le témoignage de l'homme de Dieu, Onésime s'est donné à Jésus-Christ ! Paul lui a probablement conseillé de retourner vers son (ancien) maître, demandant à celui-ci de bien l'accueillir, (« reçois-le comme moi-même ») non comme un esclave mais comme un frère bien-aimé en Christ ! L'apôtre s'engageant à dédommager Philémon de tout ce dont il a pu être lésé. Cette courte missive sera envoyée, comme la lettre aux Colossiens, par l'intermédiaire d'Epaphras. Au-delà de cette démarche de Paul, nous trouvons ici une illustration de la grâce de Dieu à notre égard. Dieu nous reçoit comme s'il recevait son Fils lui-même lorsque nous croyons en lui, sachant que Christ a payé à notre place toutes nos dettes : il a porté nos péchés en son corps sur le bois. Notre vie était bien "inutile" autrefois, désormais nous remettons notre vie entre les mains d'un bon maître pour être "utile" dans sa maison ! Paul pressent sa libération prochaine et demande qu'on lui prépare un logement

les années avant la chute de Jérusalem en l'an 70…

Paul, apôtre de Jésus-Christ par ordre de Dieu notre Sauveur et de Jésus-Christ notre espérance, à Timothée…(1 et 2 Timothée)

Libéré après deux années environ de captivité à Rome, Paul n'a pas pris une paisible retraite dans une agréable région, attendant son départ pour la patrie céleste ! Plusieurs régions seront citées dans les lettres à Timothée et à Tite, dans lesquelles il exerçait son activité apostolique : la Macédoine, l'Asie Mineure (Ephèse, Milet, Troas), en Crète, et l'Achaïe (Nicopolis) ; nul doute qu'il a visité bien des églises et apporté son expérience à plusieurs hommes de Dieu. Ce fut le cas notamment pour Timothée et Tite. Emprisonné une nouvelle fois à Rome après quelques courtes années de liberté, il y subira le martyre vers l'an 67. Dans ses deux lettres à Timothée, l'apôtre mettra particulièrement l'accent sur le fait de garder une bonne conscience, de garder la foi, et de garder le bon dépôt. Mettant en garde contre les fausses doctrines, il exhortera sans cesse à s'attacher à la saine doctrine, car dans les derniers temps « les hommes ne supporteront pas la saine doctrine ». Pour lui, toute l'Ecriture était inspirée de Dieu !

Il a combattu le bon combat, achevé la course et gardé la foi !

Paul, serviteur de Dieu, et apôtre de Jésus-Christ…à Tite (Tite 1/1-4)

L'apôtre a laissé Tite en Crète, au milieu d'un peuple très particulier dont on disait : « Crétois toujours menteurs, méchantes bêtes, ventres paresseux » ! Mais l'Eglise du Seigneur avait été implantée et Tite était chargé d'y établir des anciens dans chaque ville ; cela montre à l'évidence que l'Evangile avait progressé dans cette île difficile. La grâce de Dieu avait triomphé dans les cœurs car elle est « source de salut pour tous les hommes ». Cependant « elle nous enseigne à renoncer à l'impiété et aux convoitises mondaines, et à vivre dans le siècle présent selon la sagesse, la justice et la piété ». Zénas, le docteur de la loi, et Apollos sont venus prêter main forte à Tite, mais devaient maintenant repartir. Paul prévoit d'envoyer Artémas ou Tychique. Dès que l'un des deux serait venu, Tite devrait rejoindre Paul à Nicopolis, car c'est là qu'il avait résolu de passer l'hiver. Ces différentes "rotations" montrent combien Paul, jusqu'au bout, prendra soin des églises en orientant les différents ministères correspondant le plus aux besoins locaux. Notre prière est que Dieu suscite pour toutes nos assemblées, des bergers selon son cœur pour prendre soin des brebis du Seigneur !

Voici déjà, bien-aimés, la seconde lettre que je vous écris (2 Pierre 3/1)

Christ sera au centre de ces deux lettres de l'apôtre Pierre. Il rappellera ses souffrances, sa résurrection, sa glorification et mettra un accent particulier sur la réalité de son avènement. « C'est pourquoi, bien-aimés, en attendant ces choses, appliquez-vous à être trouvés par lui sans tache et irréprochable dans la paix ». « La fin de toutes choses est proche. Soyez donc sages et sobres, pour vaquer à la prière ».

L'enfant de Dieu possède un héritage qui ne peut pas se corrompre, ni se souiller, ni se flétrir et qui lui est réservé dans les cieux. S'il connaît des souffrances, il doit se souvenir des souffrances de Christ et de la gloire dont elles furent suivies. « Christ ayant souffert dans la chair, vous aussi armez-vous de la même pensée ». Mais Pierre ne focalise pas sur les souffrances du chrétien, il leur en montre la raison et leur fait voir le but final :
« Vous êtes attristés pour un peu de temps par diverses épreuves, afin que l'épreuve de votre foi, plus précieuse que l'or périssable (qui cependant est éprouvé par le feu), ait pour résultat la louange, la gloire et l'honneur, lorsque Jésus-Christ apparaîtra ». « Après que vous aurez souffert un peu de temps (Dieu) vous perfectionnera lui-même, vous affermira, vous fortifiera ».

Nous avons un grand souverain sacrificateur qui a traversé les cieux, Jésus (Hébreux 4/14)

Jésus est le souverain sacrificateur de la Nouvelle Alliance, il nous représente devant Dieu et il intercède en notre faveur. Il comparaît maintenant pour nous devant la face de Dieu. Son sacerdoce n'est pas transmissible, car il est vivant aux siècles de siècles ! Les sacrifices de l'Ancienne Alliance, l'observation des cérémonies au Temple, les vêtements des sacrificateurs…n'étaient que l'ombre des choses à venir, l'accomplissement se trouve en Christ et en lui seul. Persécutés par les Juifs restés attachés au judaïsme, les destinataires de cette belle épître étaient tentés de revenir à l'ancien régime de la loi de Moïse. L'auteur de la lettre les exhorte et les met en garde tout à la fois ! « Nous, nous ne sommes pas de ceux qui se retirent pour se perdre, mais de *ceux qui continuent de croire* (littéralement) pour sauver leur âme ». Nous avons dans le ciel un meilleur sanctuaire et nous y entrons librement par le sang d'une meilleure alliance. Gardons les yeux fixés sur Jésus, couronné de gloire et d'honneur. Bientôt la prophétie de Jésus s'accomplira : les légions romaines, emmenées par Titus, feront le siège de Jérusalem, détruiront le Temple…qui ne sera pas reconstruit de sitôt ! Attachons-nous aux réalités célestes. Les choses anciennes sont passées !

Jude, serviteur de Jésus-Christ, et frère de Jacques (Jude 1)

Au fil des années, les attaques contre la foi véritable semblent s'être intensifiées si l'on en croit l'insistance des écrivains sacrés dans cette décennie précédant la ruine de Jérusalem et du Temple. Jude ne fait pas exception puisqu'il dit : « Je me suis senti obligé de vous envoyer cette lettre pour vous exhorter à combattre pour la foi qui a été transmise aux saints une fois pour toutes ». Autrement dit : la transmission des Ecritures est faite de manière définitive ; l'opération est achevée. La foi est basée sur ce que les apôtres de notre Seigneur Jésus-Christ ont dit et écrit. Leurs écrits font autorité en matière de foi. C'est la seule et unique référence. Il reste à nous édifier sur notre très sainte foi et à prier par le Saint-Esprit, à nous maintenir dans l'amour de Dieu, en attendant la miséricorde de notre Seigneur Jésus-Christ pour la vie éternelle. Des moqueurs viendront, des gens corrompus se glisseront parmi vous, toutes sortes de courants traverseront les églises des temps de la fin, mais rappelez-vous d'une chose : Dieu « peut vous préserver de toute chute et vous faire paraître devant sa gloire irréprochables et dans l'allégresse ».

la dernière décennie du premier siècle...

La nouvelle que nous avons apprise de lui, et que nous vous annonçons, c'est que Dieu est lumière (1 Jean 1/5)

Nous ne savons pas grand-chose de ce qui s'est passé après la ruine du Temple et jusqu'à la fin du premier siècle pour les églises situées sur le territoire d'Israël, mais sous le règne de Domitien les persécutions furent particulièrement violentes contre l'Eglise du Seigneur et des hérésies subtiles viendront troubler le peuple de Dieu. Jean, dernier survivant des apôtres, écrira durant cette période cinq livres : l'évangile (qui porte son nom et dont nous avons déjà reproduit des extraits), trois épîtres et le livre de l'Apocalypse. Dans ses écrits, l'apôtre mettra tout particulièrement l'accent sur la préexistence et la divinité de Jésus, mais aussi sur son incarnation et sur la valeur expiatoire de son sacrifice. La particularité de l'esprit des antichrists sera précisément de nier de telles vérités !

En examinant de près les trois lettres de l'apôtre on remarque qu'il donne de Dieu trois définitions essentielles : Dieu est lumière, Dieu est vérité et Dieu est amour. Dieu est lumière, et il n'y a pas en lui de ténèbres. Dieu est vérité ; ne pas croire en son témoignage c'est faire de lui un menteur. Dieu est amour et il l'a manifesté par le don de Jésus !

Révélation de Jésus-Christ, que Dieu lui a donnée pour montrer à ses serviteurs les choses qui doivent arriver bientôt (Apocalypse 1/1)

Jean fut « ravi » en esprit, vraisemblablement comme Paul l'avait été (dans son corps ou sans son corps ?). Contrairement à Paul, il dira ce qu'il a vu. La première vision sera la plus importante de toutes : celle de Jésus glorifié ! Déjà sur la montagne de la transfiguration Jean en avait eu un avant-goût. Ici il voit Jésus au milieu de son peuple (représenté par les sept chandeliers) : « Quelqu'un qui ressemblait à un fils d'homme, vêtu d'une longue robe et ayant une ceinture d'or sur la poitrine. Sa tête et ses cheveux étaient blancs comme de la neige ; ses yeux étaient comme une flamme de feu ; ses pieds étaient semblables à de l'airain ardent, comme s'il avait été embrasé dans une fournaise ; sa voix était comme le bruit de grandes eaux. Il avait dans sa main droite sept étoiles. De sa bouche sortait une épée aiguë, à deux tranchants ; et son visage était comme le soleil ». Quelle vision avons-nous de Jésus ? Elle déterminera tout le reste de notre vie. Avant de le contempler dans sa gloire, Jean l'avait vu couronné d'épines au Golgotha ! La croix précède le trône ; au plan biblique la mort précède la vie, comme l'hiver précède le printemps !

Ecris à l'ange de l'Eglise d'Ephèse... de Smyrne... de Pergame...de Thyatire... de Sardes... de Philadelphie... de Laodicée
(Apocalypse chapitres 2 et 3)

Ces sept églises existaient au temps de l'apôtre Jean, peut-être en était-il le "doyen d'honneur" à cause de son grand âge. L'histoire atteste que son point d'attache était Ephèse. Mais les sept églises peuvent également représenter l'Eglise à différentes époques de son histoire, depuis l'époque de Jean jusqu'aux temps de la fin. Quoi qu'il en soit, chaque église reçoit un message qui lui est propre. Les situations sont différentes, chaque cas est particulier, les besoins et les dangers ne sont pas tous les mêmes. L'Esprit sait toutes choses : s'il faut exhorter, consoler, blâmer, avertir...chaque église a ses luttes, ses combats et a besoin de remporter des victoires dans un domaine ou dans un autre. Il en est de même de chacun d'entre nous ! Chacune de ces églises avait sa place dans le cœur de l'apôtre, comme chaque église locale, si petite soit-elle, a sa place dans le coeur du Grand Apôtre ! Jésus se révèle différemment à chaque église. Selon le besoin particulier de chacun il révèle un aspect différent de sa personne, tout comme chaque prédicateur de l'Evangile nous apprend à mieux connaître notre Sauveur !

Le lion de la tribu de Juda, le rejeton de David, a vaincu pour ouvrir le livre et ses sept sceaux (Apocalypse 5/5)

Le chiffre *sept* ("accomplissement") joue un rôle essentiel dans le dernier livre de la Bible. Après avoir vu Celui qui était assis sur le trône, Jean voit ce qu'il y a autour du trône, devant le trône, et au milieu du trône (un agneau qui était là comme immolé – le rejeton de David). Seront ensuite révélés les événements qui se passeront tantôt au ciel, tantôt sur la terre, après l'enlèvement de l'Eglise (qu'il faut situer vraisemblablement après les sept églises), c'est-à-dire durant la période qui va du chapitre quatre au chapitre dix neuf du livre (l'Eglise n'étant jamais mentionnée dans cette période). Les *sept* sceaux, les *sept* trompettes et les *sept* coupes correspondent donc à des événements à venir et à des interventions du Seigneur. A la fin de cette période Jean voit le retour en gloire de Jésus sur la terre pour l'établissement du règne millénaire (précédé des noces de l'Agneau dans le ciel), période bénie à tous égards, le diable ayant été jeté en prison...jusqu'à une courte réapparition et une ultime tentative de révolte qui scellera son sort définitif en enfer. Après le jugement dernier, Jean voit les rachetés dans les nouveaux cieux, sur la nouvelle terre, et dans la nouvelle Jérusalem !

Voici, je viens bientôt, et ma récompense est avec moi, pour rendre à chacun selon son œuvre (Apocalypse 22/12)

Dans le livre de la Genèse, nous voyons comment tout a commencé. Dans le livre de l'Apocalypse, nous voyons comment tout se termine. « Mieux vaut la fin d'une chose que son commencement » ! C'est maintenant la dispensation de la plénitude des temps : le meilleur est devant nous !

Le temps est court. Ne nous relâchons pas. Veillons et prions. « Retiens ce que tu as, afin que personne ne prenne ta couronne ». Gardons les mains à la charrue, les yeux fixés sur Jésus. La moisson est grande…

Maintenant le salut est plus près de nous que lorsque nous avons cru. Les promesses de Dieu sont certaines. « Encore un peu, un peu de temps : Celui qui doit venir viendra, et il ne tardera pas. Et mon juste vivra par la foi ». Tout ce qui a été écrit s'accomplira. « Il ne permettra point que ton pied chancelle. Voici, il ne sommeille ni ne dort, celui qui garde Israël. L'Eternel est celui qui te garde…l'Eternel te gardera de tout mal, il gardera ton âme ; l'Eternel gardera ton départ et ton arrivée, dès maintenant et à jamais ». Jésus a dit : « Je suis l'alpha et l'oméga, le premier et le dernier, le commencement et la fin ».

Note : sauf indication contraire, toutes les citations bibliques proviennent de la version Louis Segond (Nouvelle Edition de Genève 1979)

Oui, je veux morebooks!

i want morebooks!

Buy your books fast and straightforward online - at one of world's fastest growing online book stores! Environmentally sound due to Print-on-Demand technologies.

Buy your books online at
www.get-morebooks.com

Achetez vos livres en ligne, vite et bien, sur l'une des librairies en ligne les plus performantes au monde!
En protégeant nos ressources et notre environnement grâce à l'impression à la demande.

La librairie en ligne pour acheter plus vite
www.morebooks.fr

VDM Verlagsservicegesellschaft mbH
Heinrich-Böcking-Str. 6-8   Telefon: +49 681 3720 174   info@vdm-vsg.de
D - 66121 Saarbrücken   Telefax: +49 681 3720 1749   www.vdm-vsg.de

www.ingramcontent.com/pod-product-compliance
Lightning Source LLC
Chambersburg PA
CBHW031157160426
43193CB00008B/412